essentials

Essentials liefern aktuelles Wissen in konzentrierter Form. Die Essenz dessen, worauf es als „State-of-the-Art" in der gegenwärtigen Fachdiskussion oder in der Praxis ankommt. *Essentials* informieren schnell, unkompliziert und verständlich

- als Einführung in ein aktuelles Thema aus Ihrem Fachgebiet
- als Einstieg in ein für Sie noch unbekanntes Themenfeld
- als Einblick, um zum Thema mitreden zu können

Die Bücher in elektronischer und gedruckter Form bringen das Fachwissen von Springerautor*innen kompakt zur Darstellung. Sie sind besonders für die Nutzung als eBook auf Tablet-PCs, eBook-Readern und Smartphones geeignet. *Essentials* sind Wissensbausteine aus den Wirtschafts-, Sozial- und Geisteswissenschaften, aus Technik und Naturwissenschaften sowie aus Medizin, Psychologie und Gesundheitsberufen. Von renommierten Autor*innen aller Springer-Verlagsmarken.

Hans-Dieter Schat

Vom Bullshit zum Business

Praxis-Tipps zur Steigerung der Mitarbeitergewinnung, Mitarbeiterbindung, Innovationskraft und Effizienz

Hans-Dieter Schat
IU Internationale Hochschule
Frankfurt am Main, Deutschland

ISSN 2197-6708   ISSN 2197-6716 (electronic)
essentials
ISBN 978-3-658-44117-3   ISBN 978-3-658-44118-0 (eBook)
https://doi.org/10.1007/978-3-658-44118-0

Die Deutsche Nationalbibliothek verzeichnet diese Publikation in der Deutschen Nationalbibliografie; detaillierte bibliografische Daten sind im Internet über http://dnb.d-nb.de abrufbar.

Planung/Lektorat: Rolf-Guenther Hobbeling
Springer Gabler ist ein Imprint der eingetragenen Gesellschaft Springer Fachmedien Wiesbaden GmbH und ist ein Teil von Springer Nature.
Die Anschrift der Gesellschaft ist: Abraham-Lincoln-Str. 46, 65189 Wiesbaden, Germany

Das Papier dieses Produkts ist recyclebar.

Was Sie in diesem *essential* finden können

- Praktisch Tipps, wie Unternehmen und Verwaltungen mehr Bewerbungen erhalten
- Praktisch Tipps, wie Unternehmen ihre guten Mitarbeiter halten
- Praktisch Tipps, wie Unternehmen innovativer werden
- Praktisch Tipps, wie Unternehmen ihre Effizienz erhöhen

Vorwort

Mitarbeiter sind aktuell DAS Thema. Gute, qualifizierte, leistungsfähige und leistungsbereite Mitarbeiter finden, binden, mit ihnen Neues entwickeln und umsetzen und immer besser werden: Wie geht das? Selbstverständlich habe ich auch nicht das Allheilmittel für alle Situationen. Aber ich habe selbst 15 Jahre in verschiedenen Unternehmen und im öffentlichen Dienst gearbeitet. In einem Institut für Arbeitswissenschaft und später in einem Institut für Innovationsforschung habe ich gemeinsam mit Unternehmen Projekte durchgeführt. Nun bin ich Hochschullehrer für dual- und berufsbegleitend Studierende, also für Praktiker. Und bin als Berater, Seminarleiter und Autor weiter für die Praxis tätig. Da kenne ich nicht nur die Probleme, sondern auch einige Lösungen, und darüber berichte ich in diesem Buch. Das Buch gliedert sich an der Reise eines Mitarbeiters durch das Unternehmen: Vom ersten Kennenlernen bei der Bewerbung über die normale Beschäftigung zu Innovation durch und mit den Beschäftigten, gerade auch mit dem Ziel höherer Effizienz.

Alle Kapitel haben die gleiche Struktur:

- Beschreibung des Problems
- Konkrete Lösung
- Checklisten und andere praktisch verwendbare Materialien
- Conclusion / Fazit und weitere Information

Dies ist ein Buch für Praktiker, keine wissenschaftliche Publikation. Allgemein bekannte Informationen habe ich nicht gesondert nachgewiesen, diese Informationen lassen sich durch eine kurze Internetrecherche nachvollziehen. Und damit bekommen Sie außerdem den aktuellen Informationsstand.

Sind wir gerade beim aktuellen Informationsstand: Wenn sich zu einem Punkt wichtige neue Entwicklungen ergeben, dann werde ich darüber auf meinem YouTube Kanal https://www.youtube.com/@schat_newwork berichten.

Und freue mich immer, wenn ich Sie dort wieder sehe. Und ich freue mich auch, von Ihnen zu lesen, am einfachsten mit mail@HDSchat.de

Zwei Hinweise zur Sprache: Immer meine ich alle Geschlechter, auch wenn ich „der Mitarbeiter" oder „die Person" schreibe. Und fast immer meine ich alle Arbeitgeber, auch wenn ich „Unternehmen" oder „Betrieb" schreibe. Öffentliche Verwaltungen, Kirchen, Parteien und Vereine haben ihre Besonderheiten. Manches muss angepasst werden, kann dann aber doch übertragen werden.

Hans-Dieter Schat

Inhaltsverzeichnis

Wie erhalten Unternehmen und Verwaltungen mehr Bewerbungen?

Starten wir mit der Reise der Mitarbeiter durch das Unternehmen. Wie erhalten Unternehmen mehr Bewerbungen? Und wenn wir uns für eine Bewerbung entschieden haben: Wie erhalten wir mehr Zusagen? Sehen wir uns zunächst das Problem genauer an, bevor wir zu Lösungsansätzen kommen.

1.1 Beschreibung des Problems

Das Personalproblem in den Unternehmen hat drei Dimensionen. Selbstverständlich hängen die Dinge zusammen, aber für das praktische Vorgehen ist oft eine einzelne Betrachtung sinnvoll.

Quantität
Was fehlt ist die reine Anzahl an Mitarbeitern. Rund 13 Mio. Beschäftigte gehen in den nächsten 15 Jahren in den Ruhestand, das ist ein knappes Drittel der aktuellen Erwerbspersonen. Die nachrückenden jungen Jahrgänge sind deutlich kleiner. Und das ist keine reine Zukunftsmusik. Mehr Ruheständler und weniger Nachwuchskräfte, das merken Unternehmen schon heute.

> Es gehen mehr Menschen in den Ruhestand als junge Menschen nachrücken. Das wird noch viele Jahre so bleiben.

H.-D. Schat, *Vom Bullshit zum Business*, essentials, https://doi.org/10.1007/978-3-658-44118-0_1

Qualität

Kaum ein Unternehmen sucht einfach irgendwelche Mitarbeiter. Meist sind bestimmte Qualifikationen, Berufserfahrungen und weitere Eigenschaften gesucht. Früher konnte man tatsächlich Mitarbeiter einstellen mit passender Berufsausbildung oder Studium, mit passender Erfahrung oder eben als Berufseinsteiger. Und mit einer passenden Einstellung, neudeutsch: Mit einem passenden Mindset. Nun kommen wir immer mehr in eine Situation, in der das „Mindset" zum wichtigsten Kriterium für eine Personalentscheidung wird. Warum? Die Einstellung zum Beruf ist stabil. Ein ruhiger freundlicher Kollege, der auf feste und begrenzte Arbeitszeiten wert legt, wird nie zu einer ehrgeizigen und dynamischen Führungskraft werden. Aber ein Betriebswirt kann programmieren lernen, ein Geisteswissenschaftler kann Personaler werden und ein Schreiner kann die Altenpflege erlernen. Ja, ein Chirurg muss immer noch Medizin studiert haben, und wer als Schornsteinfeger oder Fahrprüfer in öffentlichem Auftrag unterwegs ist, muss eine der vorgeschriebenen Ausbildungen absolviert haben. Aber für viele Arbeitsstellen gilt:

Zentrales Einstellungskriterium ist die Einstellung zur Aufgabe, ist das "Mindset". Das Mindset ist stabil. Qualifikationen kann man nachträglich erwerben. Berufserfahrung kann man auch später im Leben nachholen. Aber das Mindset bleibt.

Selbstverständlich gibt es nicht ein gutes oder ein schlechtes Mindset als solches. Wir brauchen pflichtbewusste Buchhalter und charismatische Führungskräfte, introvertierte Programmierer und extrovertierte Personaler. Und wenn das Mindset stimmt, dann werden Arbeitgeber immer mehr bereit sein müssen, Qualifikationen nachzuschulen und Erfahrungen zu ermöglichen. Damit dauert es länger, bis ein neu eingestellter Mitarbeiter produktiv wird. Zugleich bekommen wir damit Menschen mit unterschiedlichen Erfahrungen und Lebensläufen ins Unternehmen, was für Innovation und Kreativität ein Vorteil ist. Doch dazu im späteren Kapitel. Zunehmend werden auch untypische Beschäftigte eingestellt. Also zum Beispiel

- Teilzeitkräfte, wo früher immer Vollzeitarbeitnehmer eingestellt wurden.
- Ältere Arbeitnehmer. Ja, ich habe selbst mit über 60 Jahren noch den Arbeitgeber gewechselt, so etwas geht heute.
- Menschen, die in einer anderen Gegend wohnen und ihre Arbeit (fast) ausschließlich im Homeoffice erledigen können.

Arbeitgeber, die sich als erste an neue Bewerber- und Mitarbeiter-Gruppen
wenden, haben einen riesigen Vorteil.

Effizienz

Die Arbeitsproduktivität ist in Deutschland in den letzten Jahren nicht gerade stark gestiegen. In früheren Jahren war das anders: Das Faxgerät und dann das Internet mit der E-Mail, das hat die Produktivität kräftig gesteigert. Zum einen fehlen heute solche produktivitätssteigernden Innovationen. Zum anderen wird zumindest die Frage diskutiert, ob nicht möglicherweise das eine oder andere Unternehmen beziehungsweise die eine oder andere öffentliche Verwaltung vielleicht ein klein wenig zu bequem geworden ist. Werden aktuell wirklich alle Möglichkeiten ausgenutzt, um möglichst effizient zu arbeiten? Wenn Mitarbeiter knapp werden, dann ist zu erwarten, dass die Gehälter tendenziell steigen, dass also Mitarbeiter teurer werden. Dann lohnen sich vielleicht weitere Projekte zur Effizienzsteigerung. Schließlich gibt es Entwicklungen im Bereich der künstlichen Intelligenz. Selbstfahrende Autos entwickeln sich langsamer als vorhergesagt. Aktuell wird der Chatbot ChatGPT breit diskutiert. Gibt er einen Durchbruch, wie damals das Internet einen Produktivitätsdurchbruch brachte? Wichtig ist:

Beschäftigung ist immer im Zusammenhang mit Technik, mit
Produktivitätssteigerung und mit Effizienz zu sehen. Wenn wir für einen
Bereich neue Mitarbeiter einstellen wollen: Ist das wirklich die einzige
Möglichkeit? Könnten wir die Aufgaben hier auch anders erledigen?

1.2 Konkrete Lösung

Optimal ist es, bereits vor einem aktuellen Personalbedarf an seiner Attraktivität als Arbeitgeber zu arbeiten. Im Jargon: Eine Arbeitgebermarke aufzubauen. Das hört sich großartig an. Manchmal ist es das auch, große Unternehmen stecken viele Gedanken und viele Ressourcen in den Aufbau einer solchen Arbeitgebermarke. Denken Sie an die Unternehmensberatung McKinsey, an die katholische Kirche oder an das Adlon Hotel in Berlin: Für jeden diese Arbeitgeber haben Sie vermutlich eine Idee, welche Art von Menschen dort gut hineinpassen. Das ist eben die Arbeitgebermarke.

Eine Arbeitgebermarke zu entwickeln, das ist nicht nur ein Projekt für große Unternehmen. Auch ein ganz kleines Unternehmen kann Auszubildende bitten, ein Imagevideo zu erstellen und auf YouTube zu stellen. Das wird nicht hoch professionell sein, aber der Charme von kleinen Unternehmen ist ja oft: Hier geht es menschlich zu, hier zählt der Einzelne und nicht nur abstrakte Regeln und Prozesse. Genau das können Auszubildende mit ihrem Video darstellen. Ähnlich können junge Mitarbeiter Social-Media-Kanäle betreuen. Auf Social-Media eine Arbeitgebermarke aufzubauen, das ist ein Marathon. Aber man kann sich die Arbeit erleichtern. Ein aktuell sehr wirksames Medium sind in Hochformat aufgenommene Kurzvideos. Diese können auf YouTube, Twitter (neuerdings X genannt), Instagram, LinkedIn, Facebook und TikTok geladen werden – ein Video für sechs Kanäle. Ergänzend dazu kann eine Internetseite aufgebaut werden, die das Unternehmen als Arbeitgeber beschreibt. Auf diese Internetseite verweisen dann die Kurzvideos, diese Internetseite nennt man dann eine Landing Page. Ja, zu der Zeit, wo ich dieses Buch schreibe, ist Social-Media fast schon ein Hype, aber vermutlich auch in Zukunft noch wirksam.

Erster Schritt für mehr Bewerbungen ist der Aufbau einer Arbeitgebermarke. Das ist auch mit kleinem Budget möglich.

Eine Arbeitgebermarke aufzubauen, das kann bereits zu ersten Initiativbewerbungen führen. Wenn wir Mitarbeiter für konkrete Stellen suchen, dann sind diese natürlich konkret zu bewerben. Eine ganze Reihe von Möglichkeiten dazu zeigt das nächste Unterkapitel. Es ist viel mehr möglich als nur ein paar Jobbörsen zu befüllen.

Was passiert, wenn eine Bewerbung hereinkommt? Wie schnell antworten wir? Wie schnell können wir entscheiden, ob das ein interessanter Bewerber ist und ein erstes Vorstellungsgespräch vereinbaren, und sei es ein Vorstellungsgespräch per Zoom? Selbstverständlich ist dies für unterschiedliche Stellen unterschiedlich dringend, aber grundsätzlich gilt schon:

> Eine schnelle Reaktion führt zu deutlich mehr Zusagen, besonders zu mehr Zusagen von wirklich guten Mitarbeitern.

Als Bewerber zeige ich mich im Bewerbungsprozess von meiner besten Seite. Und als Bewerber vermute ich, dass sich auch der Arbeitgeber von der besten Seite zeigt. Wenn ich also im Bewerbungsprozess Monate lang auf eine Rückmeldung warten muss, wie lange werde ich dann warten müssen, wenn ich als Mitarbeiter eine Information brauche? Wenn ich dann von einem anderen Unternehmen eine schnelle Zusage bekomme – wo werde ich dann wohl zusagen?

Auch eine wichtige, aber nicht immer beachtete Frage: Was passiert, wenn ein Bewerber selbst auf uns zukommt? Wenn ein Bewerber anruft oder eine E-Mail schickt, vielleicht noch eine Frage hat, sich vielleicht auch einfach nur über den Stand der Dinge informieren will?

> Auf Kundenanfragen antworten wir professionell (hoffentlich!). Auf Anfragen von Bewerben sollten wir genau so professionell antworten.

Vertriebsorientierte Unternehmen haben manchmal ein „Skript" für Kundentelefonate. Dort wird den Vertriebsmitarbeitern mehr oder weniger ausgearbeitet vorgegeben, wie sie das Telefonat zu führen haben. Ein gutes Skript erhöht den Vertriebserfolg ganz kräftig. Diesen Ansatz kann man auch für Gespräche mit Bewerbern nutzen.

Das gleiche gilt auch, wenn wir im Bewerbungsverfahren noch Fragen an den Bewerber haben. Wenn beispielsweise eine E-Mail kommt, verspricht, im Anhang seien die Bewerbungsunterlagen, aber den Anhang fehlt. In solchen Fällen muss man Mailen, Anrufen, zu verschiedenen Zeiten anrufen, hartnäckig sein und so nebenbei zeigen, dass einem der Bewerber wirklich wichtig ist.

Ok, nun bekommen wir also Bewerbungen. Einige wenige Bewerbungen kommen ganz offensichtlich nicht infrage, denen werden wir absagen. Was kommt dann? Heutzutage kann (fast) jeder mit Web-Calls umgehen, also mit Zoom und Kollegen. Daher:

Ein schneller und kostengünstiger Weg, einen ersten persönlichen Eindruck von einem Bewerber zu bekommen, ist ein strukturierter Web-Call.

Nur strukturierte Gespräche sind vergleichbar. Psychologen haben nachgewiesen, dass strukturierte Gespräche den Erfolg eines zukünftigen Mitarbeiters viel besser vorhersagen als spontane Gespräche ohne weitere Vorbereitung. In vielleicht einer halben Stunde kann man schon einen guten Eindruck vom Bewerber bekommen.

Nehmen wir an, das erste Kennenlernen mit strukturiertem Web-Call ist gut verlaufen. Was passiert dann? Vermutlich ein Gespräch in Präsenz mit der Personalabteilung, mit dem Vorgesetzten und/oder mit künftigen Kollegen, vielleicht auch auf zwei Termine aufgeteilt. Vielleicht auch ein Schnuppertag mit dem Ziel, die Unternehmenskultur kennen zu lernen. Wieder: Das Eisen schmieden, solange es heiß ist. Selbstverständlich wird die Einstellung eines Call Center Mitarbeiters schneller gehen als die Einstellung eines Oberregierungsrates. Aber für jede Stelle wird es eine Zeitspanne geben, die man nicht überschreiten sollte, wenn sich der Bewerber nicht anderweitig umschauen soll. Wollen wir diese Zeitspanne wirklich austesten?

In schnellen Branchen schaffen es gute Unternehmen, einem Bewerber am Abend des "Schnuppertages" oder einen Tag nach dem persönlichen Vorstellungsgespräch einen Arbeitsvertrag zuzusenden.

Im optimalen Fall ist der Arbeitsvertrag bereits vom Arbeitgeber unterschrieben, sodass nur noch die Unterschrift des Bewerbers fehlt. Das ist selbstverständlich in vielen Unternehmen nicht möglich, alleine der Mitbestimmung wegen. Aber ein gewisser Benchmark wird doch damit gegeben.

Wenn wir einen unterschriebenen Arbeitsvertrag bekommen, dann kommt noch eine letzte wichtige Phase: Das Onboarding. Vielleicht kann man „Onboarding" mit „neuen Kollegen heimisch machen" übersetzen. Knapp 20 % der neuen Mitarbeiter kündigen bereits in der Probezeit, so liest man. Auch diese Zahl wird in unterschiedlichen Branchen unterschiedlich hoch sein. Aber sie unterstreicht, wie wichtig das Onboarding ist. Gute Praxis ist, das Onboarding bereits vor dem ersten Arbeitstag zu beginnen, mit einem Begrüßungsbrief oder einer Mail. Gerne auch mit einer Einladung zu einem wichtigen Ereignis im Unternehmen oder einer anderen Freundlichkeit. Aus der Praxis: In einem Unternehmen wurde ich zum großen „All Hands Meeting" eingeladen, obwohl dies ein paar Wochen vor meinem ersten Arbeitstag lag. In einem anderen Unternehmen wusste der Empfang nicht, was mit mir an meinem ersten Arbeitstag anfangen, und musste erst einmal herumtelefonieren, wer denn für diesen neuen Kollegen zuständig sei. In dem einem Unternehmen habe ich länger, im dem anderen Unternehmen kürzer gearbeitet. Selbstverständlich nicht alleine wegen des Empfangs, sondern weil der Empfang typisch für die Kultur war. Wenn ich es nicht selbst erlebt hätte, würde ich diesen Rat nicht aufschreiben, so selbstverständlich ist er:

> Begrüßen Sie Ihren neuen Mitarbeiter an seinem ersten Arbeitstag. Bei Pförtner zu stehen, der jemanden sucht, der mit mir etwas anfangen kann - das ist der schlechteste aller möglichen Einstieg. In der Probezeit kann leicht gekündigt werden. Von beiden Seiten.

1.3 Checkliste: Wie erhalten Unternehmen und Verwaltungen mehr Bewerbungen?

Nun praktisch: Wie kann ein Unternehmen oder eine Verwaltung neue Mitarbeiter anwerben? Hier ist eine Liste der Möglichkeiten – ja, für Ihre Situation werden nur einige Methoden passen. Und es ist eine wilde Sammlung von Ideen, einige Überlappungen gibt es. Wenn Sie die Liste nehmen und nur eine neue Methode einsetzen, dann könnte das bereits für neue Bewerbungen entscheidend sein. Aber grundsätzlich ist es sinnvoll, auf möglichst vielen Kanälen Personalwerbung machen. Hier gilt, wie häufig im Marketing: Viel hilft viel.

1. An einen Bauzaun eine große Plane hängen, wir suchen … Mit QR-Code für die Landingpage, also für eine Seite im Internet, die wir nur für Personalwerbung eingerichtet haben. Auf dem Plakat am Bauzaun steht bitte nicht nur, wen wir suchen. Sondern auch ein oder zwei Gründe, warum Menschen bei uns arbeiten sollen, etwa: Überdurchschnittliches Gehalt, 4 Tage Woche, Fortbildung in ein gefragtes Gebiet, neueste Ausstattung, sicherer Arbeitsplatz, …

2. Plakate am Bauzaun oder Personalwerbung auf Bussen, und dann eigene Mitarbeiter davor fotografieren oder filmen. Diese Fotos oder Kurzvideos auf Instagram, Facebook, TikTok und natürlich auf der eigenen Homepage veröffentlichen, gerne zusammen mit einem Zitat des Mitarbeiters, warum er gerne bei uns arbeitet.

3. Allgemeine Stellenbörsen wie StepStone oder Indeed. Die haben manchmal einen schlechten Ruf: Da sind nur die Unzufriedenen, die Arbeitssuchenden, die wollen wir gerade nicht. Aber da sind auch Menschen, deren vorheriger Arbeitgeber in Konkurs gegangen ist, oder die aus dem Ausland zurückkommen, oder aus der Elternzeit oder die andere ehrenwerte Gründe für die Stellensuche haben. Wir werden jeden Bewerber fragen, warum er zu uns wechseln möchte, so auch Bewerber, die über diese Stellenbörsen kommen.

4. Personalvermittler und Headhunter werden längst nicht mehr nur für Vorstandsvorsitzende eingesetzt. Headhunter kosten, aber unsere eigenen Aktivitäten kosten ja auch. Manche Headhunter versprechen ein kleines bisschen mehr, als sie dann halten können. Vielleicht fragen wir nach Referenzen und überprüfen die dann auch.

5. Ansprache über LinkedIn und Xing. Auch diese Möglichkeit hat manchmal einen schlechten Ruf, weil Menschen mit Mangelberufen mehrere Anfragen pro Woche bekommen, häufig Standardtexte, und dann sind dies Menschen einfach nur genervt. Aber andere Menschen bekommen kaum Anfragen, und wieder andere Menschen suchen aktiv auf LinkedIn oder Xing. Diese Karrierenetzwerke kann man selbst bearbeiten, oder damit spezialisierte Agenturen beauftragen. Meine erste Stelle als Professor habe ich übrigens über Xing gefunden.

6. Fach Events, Kongresse, Messen, Veranstaltungen, auf denen unsere potenziellen Mitarbeiter unterwegs sind. Manchmal ist ein eigener Messestand sinnvoll, manchmal reicht es, selbst dort teilzunehmen, mit vielen Menschen ins Gespräch zu kommen, und von den interessanten die Kontaktdaten zu erfragen, damit wir sie auf offene Stellen ansprechen können.

7. Werbung auf den eigenen Autos. Wieder: Dort soll nicht nur zu lesen sein, dass wir Mitarbeiter suchen, sondern auch warum die Leute hier arbeiten sollen. Beispiel: Im Bauhandwerk stehen unsere Autos meist auf Baustellen, und genau da arbeiten auch unsere neuen Mitarbeiter, nur arbeiten sie im Moment eben noch für ein anderes Unternehmen.

8. Vereinswerbung, Hinweise auf offene Stellen im Sportprogramm, an der Bande, im Newsletter. Sehr effektiv: Wenn unsere Mitarbeiter sowieso im Verein aktiv sind, direkt Menschen ansprechen. Ein Jugendtrainer kann uns

so neue Auszubildende vermitteln. Der Jugendtrainer kennt die jungen Menschen ja schon und kann gezielt diejenigen ansprechen, die zu dem Job passen.

9. Unternehmenseigene Karriereseite: Eine gut gestaltete Karriereseite auf der Unternehmenswebsite bietet Informationen über offene Stellen, Unternehmenskultur und Karrieremöglichkeiten. Sie kann auch ein Bewerbungsformular oder einen Link zur Online-Bewerbung enthalten. So eine Karriereseite kann als „Landingpage" auf Plakaten, Bauzaun- und Buswerbung oder Pizzakartons angegeben werden. Oder die Landingpage stellt zunächst die Vorteile unseres Unternehmens als Arbeitgeber dar und verweist dann auf die Karriereseite mit der der Möglichkeit einer Onlinebewerbung.

10. Universitäts- und Hochschulkooperationen: Die Zusammenarbeit mit Bildungseinrichtungen ermöglicht es Unternehmen, potenzielle Mitarbeiter frühzeitig zu identifizieren. Praktika, Praktikumsprogramme oder Teilnahme an Karrieremessen sind Beispiele für diese Zusammenarbeit.

11. Printanzeigen: Obwohl weniger gebräuchlich als früher, schalten Unternehmen immer noch in Zeitungen und Fachmagazinen Anzeigen, um Kandidaten anzulocken, insbesondere für spezialisierte oder hochrangige Positionen. Aus der Praxis: Printanzeigen funktionieren auch für IT-Berufe. Manchmal, in dem nicht die IT-Spezialisten selbst die Anzeige lesen, sondern die Großmutter liest in der Lokalzeitung die Stellenanzeige, und gibt dann ihrem Informatiker-Enkel einen Tipp.

12. Alumni-Netzwerke: Unternehmen nehmen ehemalige Mitarbeiter in ihr Netzwerk auf und sprechen sie bei Bedarf wieder an. Das setzt voraus, dass sich Mitarbeiter und Unternehmen im Guten getrennt haben. Und auch wenn der ehemalige Mitarbeiter nicht wieder zurückkehren möchte: Vielleicht kennt er einen passenden Kandidaten für eine offene Stelle.

13. Online-Communities: Aktive Teilnahme an Online-Foren und Communities, die sich auf Ihre Branche oder Fachgebiet konzentrieren, kann potenzielle Kandidaten anziehen. Wichtig ist, hier wirklich Fachbeiträge zu posten, und nicht nur Werbung oder eben Stellenangebote.

14. Sommerpraktika: Das Angebot von Sommerpraktika für Studenten unterstützt eine langfristige Rekrutierungsstrategie. „Sommerpraktika" habe ich diesen Punkt genannt, weil es oft eine Reihe von Praktika oder Urlaubsvertretungen oder Unterstützung in der Phase der Sommerferien sind, die dann zu einer Anstellung führen. Aber je nach Branche, je nach Bedarfen der Studierenden und der Arbeitgeber können das natürlich auch Winterpraktika oder anders getaktete Einsätze sein.

15. Unternehmenskultur betonen: Die Betonung der Unternehmenskultur in Stellenanzeigen und auf der Website zieht kulturell passende Kandidaten an. Manchmal muss dazu nicht nur klargestellt werden, welche Kandidaten passen, sondern auch, welche Kandidaten sicherlich nicht passen.

16. Referenzen von Kunden und Partnern: Positive Referenzen von Kunden und Geschäftspartnern können Ihr Unternehmen für Kandidaten attraktiver machen. Nach meiner Erfahrung werden solche Referenzen auch wirklich überprüft.

17. Gehaltsvergleichsdaten: Das Anbieten von wettbewerbsfähigen Gehältern und Zusatzleistungen kann die Anziehungskraft Ihrer Stellenanzeigen erhöhen. Besonders die Zusatzleistungen können einen Unterschied machen. Manche Beschäftigte schätzen 50 € Zuschuss für Gesundheitsmaßnahmen mehr als 50 € höheres Gehalt. Zuschuss für Gesundheitsmaßnahmen wird als Wertschätzung des Arbeitgebers interpretiert.

18. Gezielte Sozialwerbung: Die Verwendung von bezahlter Werbung auf Plattformen wie Facebook und Instagram, um gezielt nach Kandidaten zu suchen.

19. Mobile Bewerbungsoptionen: Die Bereitstellung einer benutzerfreundlichen mobilen Bewerbungsoption kann die Kandidatenansprache erhöhen. Bewerbung per App auf dem Handy oder dem Tablett ist für manche Bewerber die komfortabelste Option.

20. Gemeinnützige Partnerschaften: Partnerschaften mit gemeinnützigen Organisationen machen uns für ethisch motivierte Individuen attraktiver.

21. Podcasts und Videoblogs: Das Erstellen von Podcasts oder Videoblogs über Themen in unserer Branche kann unser Unternehmen bekannter machen und eine Arbeitgebermarke begründen oder verstärken.

22. Online-Assessment-Tools: Die Verwendung von Online-Assessment-Tools wird den Auswahlprozess rationalisieren und die Qualität der Kandidaten verbessern. Wenn die Ergebnisse wertschätzend zurückgemeldet werden, dann wird ein positives Bild des Arbeitgebers vermittelt, selbst wenn es aktuell nicht zu einer Einstellung kommt.

23. Work-Life-Balance betonen: Die Betonung einer ausgewogenen Work-Life-Balance spricht Kandidaten an, die Wert auf ihre Lebensqualität legen. Lebensqualität schließt gute Arbeitsergebnisse ja nicht aus.

24. Gastbeiträge in Fachpublikationen: Das Schreiben von Gastbeiträgen in Fachpublikationen kann unser Fachwissen zeigen und potenzielle Kandidaten erreichen.

25. Karriereberatung: Das Anbieten von Karriereberatungsdiensten oder -ressourcen auf der Website kann Kandidaten anziehen.

26. Barcamps und Hackathons: Das Ausrichten von Barcamps oder Hacka-
    thons kann Technologie- und Entwicklertalente anziehen. Und „nebenbei"
    Innovationen in unserem Unternehmen befördern.
27. Talentakquisitionsteams: Die Schaffung eines spezialisierten Talentakquisiti-
    onsteams. Erfahrene „Recruiter" agieren manchmal effektiver als Personaler,
    die Personalakquisition neben anderen Aufgaben abwickeln.
28. In der E-Mail-Signatur von jedem Mitarbeiter wird auf offene Stellen
    hingewiesen, mit einem Link zu unserer Internetseite.

Die Auswahl der geeigneten Methode hängt von den spezifischen Anforderungen
des Unternehmens und der zu besetzenden Position ab. Oft ist eine Kombination
mehrerer Methoden am effektivsten, um ein breites Spektrum von Bewerbern
anzusprechen.

1.4   Conclusion/Fazit und weitere Information

Wie erhalten Unternehmen und Verwaltungen mehr Bewerbungen? Die eine einzige Lösung gibt es nicht, das war von Anfang an klar. Es gibt fast unendlich viele
Werkzeuge, Methoden, Ansätze. Viele davon sind mir durchaus überschaubarem
Aufwand einsetzbar. Viele diese Werkzeuge, Methoden, Ansätze gehören nicht
zum Standardrepertoire von „Personal", zu dem, was seit Jahrzehnten gelehrt
wird. Gerade darin liegt die Chance: Mit überschaubarem Aufwand können
ungewöhnliche Maßnahmen zu viel mehr Bewerbungen führen.

Viel hilft viel!

Das ist sicher vereinfacht, hat aber einen wahren Kern.

In diesem Buch lesen Sie die Perspektive eines Personalers. Eine andere
Perspektive hat Dr. Markus Elsässer, der sich selbst als „Finanzkaufmann"
beschreibt. Eine Besprechung seines Buchs Die sechs entscheidenden Lektionen
des Lebens finden Sie hier: https://youtu.be/TOZUm0IaOpQ

Wie halten Unternehmen ihre guten Mitarbeiter? Wie vermeiden sie Kündigungen? Das ist die nächste logische Frage, denn: Gute Mitarbeiter finden und einstellen, das ist nur der erste Schritt. Der zweite Schritt ist: Gute Mitarbeiter halten, ungewollte Fluktuation vermeiden. Wichtig ist hier das Wort „ungewollte": Es gibt auch Mitarbeiter, mit denen funktioniert die Zusammenarbeit nicht (mehr). Dann ist eine Trennung sinnvoll. Es gibt aber auch Unternehmen, die eigentlich ihre Beschäftigten halten wollen. Und die dann doch Arbeitsbedingungen und eine Arbeitsumgebung gestalteten, die einfach nur zum Weglaufen sind. Die Mitarbeiter laufen dann weg, manchmal zum großen Erstaunen des oberen Managements. Sehen wir uns wieder das Problem genauer an und stellen dann ein paar Lösungsansätze vor.

> *Fluktuation ist nicht immer ein Problem. Aber wenn mehrere der richtig guten Kollegen gehen, dann müssen wir etwas tun.*

2.1 Beschreibung des Problems

Im Personalbereich gibt es den Spruch: Mitarbeiter kommen wegen der Arbeit, also wegen der Aufgabe, wegen dem Arbeitsinhalt und der ganzen Umgebung dazu. Und Mitarbeiter gehen wegen dem Chef. Nach meiner Beobachtung liegt mehr als ein Körnchen Wahrheit darin: Ob Mitarbeiter bleiben oder ob sie gehen,

© Der/die Autor(en), exklusiv lizenziert an Springer Fachmedien Wiesbaden GmbH, ein Teil von Springer Nature 2024
H.-D. Schat, *Vom Bullshit zum Business*, essentials,
https://doi.org/10.1007/978-3-658-44118-0_2

das hängt auch von den Beziehungen zu Kollegen, Kunden und bei Führungskräften von Beziehungen zu den Mitarbeitern ab. Die direkte Führungskraft nimmt aber oft eine besondere Rolle ein.

Mitarbeiter kommen wegen der Arbeit. Mitarbeiter gehen wegen der Führung.

Damit könnte dieses Kapitel zu einer Aufforderung an die Führungskräfte werden, sich gut um ihre Mitarbeiter zu kümmern, und dann werden die Mitarbeiter auch nicht so leicht kündigen. Das ist auch richtig, übersieht aber ein Problem, das im Laufe der nächsten Jahre noch gravierender werden wird. Wir haben nämlich nicht nur einen Fachkräftemangel. Wir haben auch einen Führungskräftemangel.

Gute Führung kann man lernen. Einige Menschen bringen mehr, andere Menschen bringen weniger Talent mit. Die meisten Menschen müssen Führung aber auch lernen, wenn sie denn gute Führungskräfte werden sollen. Und mit immer weniger Fachkräften bekommen die Unternehmen auch immer weniger Menschen mit natürlichem Talent für Führung. Mit immer weniger Fachkräften haben die Unternehmen immer weniger Zeit, Fachkräfte zu guten Führungskräften auszubilden.

Vielleicht ist dies der Ort, an ein betriebswirtschaftliches Konzept zu erinnern: Den Unterschied zwischen direkter und indirekter Führung. Bei der direkten Führung liegt der Fokus auf einem unmittelbaren Einfluss auf die Mitarbeiter. In diesem Modell geschieht die Führung durch die unmittelbare Interaktion zwischen der Führungskraft und den Geführten. Im Gegensatz dazu konzentriert sich die indirekte Führung auf den Einfluss, der über formale Programme, Managementsysteme und strukturelle Formen ausgeübt wird. Dies bedeutet, dass die Führung nicht ausschließlich auf persönlichen Interaktionen beruht, sondern auch auf die Gestaltung und Umsetzung von Organisationsprozessen und -strukturen setzt. Ein weiterer wichtiger Aspekt der indirekten Führung ist der Einfluss über die Organisationskultur. Hierbei wird die Führung durch die Schaffung und Pflege einer Kultur gefördert, die die gewünschten Verhaltensweisen und Werte unterstützt.

Führung geschieht immer persönlich durch die Führungskraft. Und Führung geschieht immer durch Prozesse, Regeln, Strukturen, Kultur. BEIDES ist wichtig.

Beide Ansätze haben ihre Vor- und Nachteile. Die direkte Führung ermöglicht eine unmittelbare Kommunikation und Kontrolle, kann jedoch in größeren Organisationen schwieriger umzusetzen sein. Die indirekte Führung bietet die Möglichkeit, auf breiterer Ebene Einfluss zu nehmen und die Unternehmenskultur zu formen, erfordert jedoch oft eine sorgfältige Planung und Implementierung von Programmen und Prozessen. Die effektive Führung hängt oft von der richtigen Balance zwischen direktem und indirektem Einfluss ab, abhängig von den spezifischen Zielen und der Größe der Organisation, und eben auch abhängig von der Anzahl und der Qualität der Führungskräfte, die in einem Unternehmen arbeiten. Wenn hier Defizite auftreten, dann muss indirekte Führung kompensieren. Aber: Beides, persönliche und strukturelle Führung, passieren immer und passieren in jeder Führungssituation.

Wenn also beispielsweise die direkte Kommunikation mit einigen Führungskräften nicht so recht funktioniert, dann kann die Unternehmensführung Regelkommunikation mit höheren Führungskräften etablieren und so eine Art Bypass schaffen. Wenn direkte Führungskräfte sich darin schwertun, Anerkennung und Wertschätzung zu geben, dann können regelmäßige Veranstalten hier kompensieren.

2.2 Konkrete Lösung

Sammeln wir einige konkrete Lösungsansätze: Es gibt viele Strategien, die Unternehmen anwenden können, um Mitarbeiter zu halten und ungewollte Kündigungen zu vermeiden. Hier sind einige bewährte Methoden:

1. Wettbewerbsfähige Vergütung: Stellen Sie sicher, dass die Gehälter und Zusatzleistungen, die Sie bieten, wettbewerbsfähig sind. Wenn Sie nicht vergleichen, dann tun es vielleicht ihre Mitarbeiter.
2. Karriereentwicklung: Bieten Sie Möglichkeiten zur beruflichen Weiterentwicklung und Fortbildung an. Mitarbeiter möchten das Gefühl haben, dass sie sich in ihrem Unternehmen weiterentwickeln können. Besprechen Sie mit den Mitarbeitern, ob sie eine Führungs- oder eine Fachlaufbahn anstreben.
3. Work-Life-Balance: Unterstützen Sie eine ausgewogene Work-Life-Balance, indem Sie flexible Arbeitszeiten, Telearbeit und Urlaubsoptionen anbieten.
4. Anerkennung und Belohnungen: Zeigen Sie Wertschätzung für die Leistungen Ihrer Mitarbeiter durch Anerkennung, Belohnungen, Boni oder Mitarbeiter des Monats-Programme.

5. Einbindung und Kommunikation: Fördern Sie eine offene Kommunikations-kultur und hören Sie auf die Anliegen und Vorschläge Ihrer Mitarbeiter. Stellen Sie sicher, dass sie sich in die Unternehmensentscheidungen einbezogen fühlen.

6. Gesundheits- und Wellnessprogramme: Bieten Sie Gesundheitsförderung und Wellnessleistungen an, um die Gesundheit und das Wohlbefinden Ihrer Mitarbeiter zu fördern und sie an das Unternehmen zu binden.

7. Teamarbeit und Unternehmenskultur: Fördern Sie eine positive Unternehmenskultur, in der Teamarbeit und Zusammenarbeit gedeihen.

8. Mitarbeiterbefragungen: Führen Sie regelmäßige Mitarbeiterbefragungen durch, um Feedback zu erhalten und auf Probleme oder Bedenken einzugehen.

9. Flexibilität und Anpassungsfähigkeit: Seien Sie bereit, auf die sich ändernden Bedürfnisse und Erwartungen Ihrer Mitarbeiter einzugehen und flexible Lösungen anzubieten. Der erste Schritt: Nehmen Sie sich ändernden Bedürfnisse und Erwartungen wahr. Zum Beispiel durch Mitarbeiterbefragungen.

10. Leistungsmanagement: Implementieren Sie ein transparentes Leistungsmanagement-System, um klare Erwartungen zu setzen und die Leistung zu bewerten.

11. Soziale Verantwortung: Zeigen Sie Ihr Engagement für soziale und Umweltfragen, um das Gemeinschaftsgefühl und die Mitarbeiterbindung zu stärken.

12. Weiterbildung und Schulungen: Investieren Sie in Schulungen und Weiterbildungsmaßnahmen, um die Fähigkeiten Ihrer Mitarbeiter zu verbessern und sie für zukünftige Herausforderungen zu rüsten.

13. Mentoring und Coaching: Bieten Sie Mitarbeiter-Mentoring und Coaching-Programme an, um ihre berufliche Entwicklung zu unterstützen.

14. Aufstiegschancen: Schaffen Sie klare Aufstiegschancen und Karrierepfade, damit Mitarbeiter langfristige Ziele innerhalb des Unternehmens verfolgen können.

Diese Maßnahmen können dazu beitragen, die Mitarbeiterbindung zu stärken und ungewollte Kündigungen zu minimieren. Beachten Sie jedoch, dass die Bedürfnisse der Mitarbeiter variieren können, daher ist es wichtig, diese in den Prozess einzubeziehen und auf individuelle Anliegen einzugehen.

Die direkte Führungskraft spielt eine entscheidende Rolle bei der Mitarbeiterbindung und der Vermeidung von Kündigungen. Hier sind einige Strategien, die eine Führungskraft in der Beziehung zu ihren direkten Mitarbeitern anwenden kann, um die Kündigung eines Mitarbeiters zu vermeiden:

1. Regelmäßige Kommunikation: Halten Sie regelmäßige Gespräche mit Ihren Mitarbeitern, um deren Anliegen und Bedenken zu erfahren. Offene Kommunikation kann dazu beitragen, Probleme frühzeitig zu identifizieren und Lösungen zu finden.
2. Klare Erwartungen: Stellen Sie sicher, dass Ihre Mitarbeiter klare Erwartungen bezüglich ihrer Aufgaben und Verantwortlichkeiten haben. Setzen Sie gemeinsam mit Ihren Mitarbeitern klare und erreichbare Ziele, die herausfordernd, aber nicht überfordernd sind. Und umgekehrt: Klären Sie die Erwartungen, die Ihre Mitarbeiter an Sie als Führungskraft stellen. Unklarheiten können zu Frustration und Unzufriedenheit führen.
3. Feedback geben und nehmen: Geben Sie konstruktives Feedback zu Leistung und Verhalten. Anerkennung für gute Arbeit und konstruktive Kritik bei Fehlern sind gleichermaßen wichtig. Geben Sie Feedback auf eine Weise, die dazu ermutigt, sich zu verbessern, anstatt zu demotivieren. Konstruktive Kritik sollte auf Lösungen und Verbesserungsmöglichkeiten ausgerichtet sein. Fordern Sie auch Feedback für Ihre Führungsrolle ein.
4. Konfliktlösung: Fördern Sie eine gesunde Konfliktlösungskultur im Team. Konflikte sollten konstruktiv angegangen und nicht ignoriert werden.
5. Anerkennung und Wertschätzung: Zeigen Sie Wertschätzung für die Anstrengungen und Leistungen Ihrer Mitarbeiter, sei es durch Lob, Belohnungen oder einfach durch Dankbarkeit.
6. Coaching und Mentoring: Bieten Sie individuelles Coaching und Mentoring an, um die Fähigkeiten und das Selbstvertrauen Ihrer Mitarbeiter zu stärken.
7. Flexibilität: Wenn möglich, bieten Sie Ihren Mitarbeitern flexible Arbeitsarrangements, um deren Work-Life-Balance zu unterstützen.
8. Vertrauen und Respekt: Bauen Sie Vertrauen und Respekt zwischen Ihnen und Ihren Mitarbeitern auf. Respektieren Sie deren Meinungen und Ideen.
9. Work-Life-Balance: Erkennen Sie die Bedeutung einer ausgewogenen Work-Life-Balance an und unterstützen Sie Ihre Mitarbeiter dabei, diese zu erreichen.
10. Regelmäßige Check-ins: Führen Sie regelmäßige Einzelgespräche, um den Fortschritt zu überwachen, Fragen zu klären und die Zufriedenheit der Mitarbeiter zu ermitteln.

Indem Sie diese Strategien in Ihrem Führungsstil implementieren, können Sie die Wahrscheinlichkeit einer Kündigung verringern und ein positives Arbeitsumfeld schaffen, das die Mitarbeiterbindung fördert.

Indirekte Führungsebenen, wie HR-Abteilungen, Unternehmenskultur und -programme, spielen ebenfalls eine wichtige Rolle bei der Vermeidung von Kündigungen. Hier sind einige Strategien:

1. Einführung einer Mitarbeiterbindungsstrategie: Entwickeln Sie eine umfassende Mitarbeiterbindungsstrategie, die klare Ziele und Maßnahmen zur Verbesserung der Mitarbeiterbindung definiert.
2. Rekrutierung und Einstellung: Stellen Sie sicher, dass der Auswahlprozess für neue Mitarbeiter gründlich ist und gut zu Ihrer Unternehmenskultur passt. Dies hilft, Fehlanpassungen zu vermeiden.
3. Onboarding-Programme: Bieten Sie effektive Onboarding-Programme an, um neuen Mitarbeitern einen reibungslosen Start in das Unternehmen zu ermöglichen und sie von Anfang an einzubinden.
4. Mitarbeiterengagement-Programme: Implementieren Sie Programme, die das Mitarbeiterengagement fördern, wie beispielsweise Mitarbeiterbefragungen, Umfragen und Feedback-Mechanismen.
5. Gesundheits- und Wellnessprogramme: Bieten Sie Gesundheits- und Wellnessleistungen an, um die physische und psychische Gesundheit Ihrer Mitarbeiter zu fördern.
6. Kulturelle Werte und Normen: Kommunizieren Sie die Unternehmenswerte und -normen klar und stellen Sie sicher, dass sie in der Unternehmenskultur verankert sind.
7. „Diversity and Inclusion" (Vielfalt und Inklusion): Schaffen Sie eine inklusive Arbeitsumgebung, in der Vielfalt geschätzt wird und alle Mitarbeiter die Möglichkeit haben, erfolgreich zu sein.
8. Flexibilität und Work-Life-Balance: Implementieren Sie flexible Arbeitsarrangements und Programme zur Unterstützung der Work-Life-Balance Ihrer Mitarbeiter.
9. Konfliktlösung und Beschwerdemanagement: Stellen Sie klare Verfahren zur Konfliktlösung und Beschwerdeabwicklung bereit, um Probleme schnell und effektiv anzugehen.
10. Soziale Verantwortung: Zeigen Sie Ihr Engagement für soziale und umweltbezogene Anliegen, um das Engagement Ihrer Mitarbeiter zu stärken.
11. Mitarbeiterbefragungen: Führen Sie regelmäßige Mitarbeiterbefragungen durch, um Feedback zu sammeln und Schwachstellen im Unternehmen zu identifizieren.

Indirekte Führungsebenen können durch die Implementierung dieser Strategien und Programme dazu beitragen, eine positive und unterstützende Arbeitsumgebung zu schaffen, die die Mitarbeiterbindung fördert und Kündigungen reduziert.

2.3 Checklisten

Viele dieser Strategien können durch Checklisten oder Vorlagen unterstützt werden. Konkret können Sie diese Vorlage für einen individuellen Entwicklungsplan verwenden:

2.3.1 Vorlage: Individueller Entwicklungsplan (IDP)

Individueller Entwicklungsplan
Name des Mitarbeiters:
  Datum:

  I Zielsetzung: Was sind die Hauptziele und Schwerpunkte der beruflichen Entwicklung dieses Mitarbeiters? (Was möchten Sie erreichen?):
 II Aktuelle Fähigkeiten und Stärken: Eine Liste der aktuellen Fähigkeiten/Stärken/Kompetenzen des Mitarbeiters, die wir für die Hauptziele und Schwerpunkte der beruflichen Entwicklung nutzen können.
    1. [Fähigkeit/Stärke/Kompetenz 1]
    2. [Fähigkeit/Stärke/Kompetenz 2]
    3. [Fähigkeit/Stärke/Kompetenz 3]
III Entwicklungsbereiche: Die Bereiche, in denen sich der Mitarbeiter verbessern oder in denen er zusätzliche Fähigkeiten entwickeln wird.
    1. [Entwicklungsbereich 1]
    2. [Entwicklungsbereich 2]
    3. [Entwicklungsbereich 3]
 IV Maßnahmen zur Zielerreichung: Eine Beschreibung der konkreten Maßnahmen und Schritte, um die Ziele in den Entwicklungsbereichen zu erreichen.
    1. Entwicklungsbereich 1

- Schritt 1: [Beschreibung der ersten Maßnahme einschließlich Zeitrahmen/Frist]
- Schritt 2: [Beschreibung der zweiten Maßnahme einschließlich Zeitrahmen/Frist]
- ...

2. Entwicklungsbereich 2
   - Schritt 1: [Beschreibung der ersten Maßnahme einschließlich Zeitrahmen/Frist]
   - Schritt 2: [Beschreibung der zweiten Maßnahme einschließlich Zeitrahmen/Frist]
   - ...

3. Entwicklungsbereich 3
   - Schritt 1: [Beschreibung der ersten Maßnahme einschließlich Zeitrahmen/Frist]
   - Schritt 2: [Beschreibung der zweiten Maßnahme einschließlich Zeitrahmen/Frist]
   - ...

V Überprüfung und Fortschritt, festgelegte Überprüfungstermine, um den Fortschritt zu bewerten und den Plan bei Bedarf anzupassen.
   1. Überprüfungstermin 1: [Datum]
   2. Überprüfungstermin 2: [Datum]
VI Unterschriften

Mitarbeiter: [Unterschrift des Mitarbeiters]
Führungskraft: [Unterschrift der Führungskraft]

Diese Vorlage bietet eine strukturierte Grundlage für die Entwicklung eines individuellen Entwicklungsplans, der die berufliche Weiterentwicklung eines Mitarbeiters unterstützt. Sie kann an die spezifischen Anforderungen und Ziele des Mitarbeiters sowie an die Unternehmensrichtlinien angepasst werden.

2.3.2 Vorlage Leitfaden für Konfliktlösung

Weiterhin praktisch verwendbar ist dieser Leitfaden für Konfliktlösung: Ein Leitfaden für Konfliktlösung kann Mitarbeitern und Führungskräften helfen, Konflikte

am Arbeitsplatz effektiv anzugehen und zu lösen. Hier ist eine grundlegende
Vorlage für einen solchen Leitfaden:

Leitfaden für Konfliktlösung am Arbeitsplatz
Schritt 1: Erkennen und Verstehen des Konflikts

- Erkennen Sie frühzeitig, wenn ein Konflikt entsteht.
- Verstehen Sie die Natur des Konflikts. Was sind die zugrunde liegenden
  Ursachen und die beteiligten Parteien?

Schritt 2: Kommunikation und Gesprächsinitiierung

- Planen Sie ein Gespräch, bei dem alle Konfliktparteien anwesend sind,
  sofern möglich. Stellen Sie sicher, dass alle Beteiligten die Möglichkeit
  haben, ihre Sichtweise zu äußern.
- Wählen Sie einen neutralen, ruhigen Ort für das Gespräch.
- Beginnen Sie das Gespräch mit einer respektvollen und einfühlsamen
  Ansprache.

Schritt 3: Aktives Zuhören

- Hören Sie aufmerksam zu, wenn die Konfliktparteien ihre Sichtweise
  darlegen.
- Stellen Sie Verständnisfragen, um sicherzustellen, dass Sie die Stand-
  punkte der Beteiligten vollständig verstehen.

Schritt 4: Klärung der Interessen und Bedürfnisse

- Identifizieren Sie die Interessen und Bedürfnisse jeder Partei. Welche
  Ziele oder Bedürfnisse stehen hinter ihren Positionen?
- Ermutigen Sie die Beteiligten, ihre wahren Interessen offen zu legen.

Schritt 5: Gemeinsame Lösungssuche

- Stellen Sie sicher, dass alle Beteiligten an der Suche nach Lösungen
  beteiligt sind.

- Brainstorming: Sammeln Sie Ideen zur Konfliktlösung, ohne diese zu bewerten.
- Bewertung: Bewerten Sie gemeinsam die vorgeschlagenen Lösungen und wählen Sie diejenige aus, die für alle akzeptabel ist.

Schritt 6: Vereinbarung und Verbindlichkeit.

- Verfassen Sie eine schriftliche Vereinbarung oder einen Aktionsplan, der die festgelegten Lösungen, Verantwortlichkeiten und Fristen enthält.

Schritt 7: Implementierung und Überprüfung

- Setzen Sie die vereinbarten Maßnahmen um.
- Planen Sie regelmäßige Überprüfungen, um sicherzustellen, dass die Vereinbarung eingehalten wird und der Konflikt nicht erneut auftritt.

Schritt 8: Eskalationsoptionen

- Wenn der Konflikt nicht gelöst werden kann oder erneut auftritt, klären Sie die Eskalationsoptionen, einschließlich der Möglichkeit, Vorgesetzte oder eine interne Konfliktlösungsstelle einzubeziehen.

Schritt 9: Abschluss und Reflexion

- Schließen Sie das Gespräch mit einer Zusammenfassung der getroffenen Vereinbarungen und der Hoffnung auf eine bessere Zusammenarbeit ab.
- Fordern Sie die Beteiligten auf, ihre Erfahrungen und Lernprozesse zu reflektieren.

Schritt 10: Follow-up und Unterstützung

- Bieten Sie Unterstützung und Ressourcen an, um sicherzustellen, dass die Vereinbarungen eingehalten werden und die Beziehungen verbessert werden.
- Überwachen Sie die Situation in den folgenden Wochen und Monaten, um sicherzustellen, dass der Konflikt nicht erneut auftritt.

Dieser Leitfaden kann als Grundlage dienen und je nach den spezifischen Bedürfnissen und Richtlinien Ihres Unternehmens angepasst werden. Er bietet eine strukturierte Methode zur Konfliktlösung am Arbeitsplatz, die darauf abzielt, Missverständnisse zu klären und eine bessere Zusammenarbeit zu fördern.

2.4 Conclusion/Fazit und weitere Informationen

Es gibt viele Strategien, die Unternehmen anwenden können, um Mitarbeiter zu halten und ungewollte Kündigungen zu vermeiden. Eine ganze Reihe dieser Strategien wurden in diesem Kapitel vorgestellt. Zu Einarbeitung und zu Konfliktlösung sind beispielhaft Arbeitsblätter eingefügt, in diesem Stil kann auch für andere Strategien gearbeitet werden.

Ein Thema haben wir in diesem Kapitel nicht besonders betont, obwohl es in diesem Zusammenhang immer wieder angesprochen wird: Der Purpose, der Sinn der Arbeit. Das aus gutem Grund, aber eine Diskussion würde zum einen nicht ganz zum Thema von diesem Buch passen. Zum anderen hat Gunter Dueck dieses Thema wirklich gut bearbeitet. „Keine Sinnfragen bitte" heißt sein Buch, eine Besprechung finden Sie hier: https://youtu.be/OL5As0-bffI

Wie werden Unternehmen innovativer? 3

Ganz, ganz grob kann man Innovation von und in Unternehmen in zwei Phasen
unterteilen:

1. Entwicklung von Innovationen und
2. Umsetzung von Innovationen

Selbstverständlich ist das nur eine grobe Unterteilung. Wo etwa ist die Grenze?
Wenn für eine gute Idee ein Prototyp gebaut wird: Ist das schon der erste Teil der
Umsetzung? Wenn bei der Umsetzung die Idee verfeinert wird: Ist das ein Rück-
sprung in die Entwicklungsphase oder normaler Bestandteil der Umsetzung von
Innovationen? Für die Praxis sind solche Differenzierungen einerlei, deshalb verfolgen wir sie hier auch nicht weiter. Dieses Kapitel ist also in zwei Unterkapitel
gegliedert, die jeweils die in diesem Buch übliche Untergliederung aufweisen:

- Beschreibung des Problems
- Konkrete Lösung
- Checkliste/Praktisches
- Conclusion/Fazit und weitere Informationen

Zunächst also zum ersten Unterkapitel.

© Der/die Autor(en), exklusiv lizenziert an Springer Fachmedien Wiesbaden   25
GmbH, ein Teil von Springer Nature 2024
H.-D. Schat, *Vom Bullshit zum Business*, essentials,
https://doi.org/10.1007/978-3-658-44118-0_3

3.1   Wie erzeugen Beschäftigte mehr gute Ideen?

Wie lernen die Beschäftigten Kreativität? Wie erzeugen Beschäftigte mehr gute Ideen? Für diese Frage möchte ich eine bewährte Methode vorstellen. Wie so oft im Unternehmen geht es nicht darum, allgemein die Fantasie schweifen zu lassen. Die Frage ist vielmehr: Wie entwickeln Beschäftigte Ideen und Lösungskonzepte für ganz konkrete Probleme im Betrieb. Ziel ist hier also nicht überbordende Kreativität, sondern praktische Problemlösung. Das Werkzeug ist hier ein Problemlösungsblatt, wie es typischerweise im kontinuierlichen Verbesserungsprozess eingesetzt wird. Aus Japan kennen wir mit Kaizen ein ähnliches Konzept.

3.1.1   Beschreibung des Problems

Mitarbeiter sind nicht von alleine kreativ. Kreativität und Problemlösetechniken werden in kaum einer Ausbildung gelehrt, auch in Studiengängen nur selten angesprochen. Gleichzeitig ist aber klar: Wir können Kreativität und Probleme lösen nicht nur einer kleinen Gruppe von Spezialisten überlassen. Daher hier einige einfache Ansätze, mit denen Mitarbeiter auch ohne weitere Vorkenntnisse an das systematische Lösen von Problemen herangeführt werden.

3.1.2   Lösung: Das Problemlösungsblatt

Das Problemlösungsblatt kann als A4 oder A3 Blatt ausgedruckt werden. Manche Unternehmen gestalten es schön, mit ihrem Logo, und lassen ein paar Blöcke im Flipchart-Format drucken. Und selbstverständlich kann so ein Blatt auch an einem PC oder Tablett verwendet werden. Vom Problemlösungsblatt finden sich viele Versionen, ich habe hier zusammengestellt, was mich überzeugt. Bauen Sie sich gerne ihre eigene Version (Abb. 3.1).

Der kreative Prozess beginnt mit der **Problemdarstellung**. Was ist überhaupt das Problem? Was ist das wirkliche Problem, wo also liegen die Schwerpunkte? Für wen und warum ist es ein Problem? Und was passiert, wenn das Problem weiter besteht? Welche Folgen hat das Problem? Wichtig ist hier, das Problem zunächst beschrieben und damit verstanden wird. Ziel ist also ausdrücklich kein sofortiger „Brainstorm", sondern ein schrittweises methodisches Vorgehen. Dazu dient auch der nächste Schritt:

Abb. 3.1 Problemlösungsblatt, eigene Darstellung, diese Version zum ersten Mal veröffentlicht unter https://youtu.be/7quooIHrRdc

Analyse der Ursachen des Problems Zwei häufig eingesetzte und leicht zu erlernende Techniken sind hier eingezeichnet. Das Ursachen-Wirkungs-Diagramm wird nach seinem Erfinder auch „Ishikawa Diagramm" genannt, oder nach seiner Form auch „Fischgrätendiagramm". Es wurde von dem japanischen Qualitätsexperten Kaoru Ishikawa entwickelt und ist ein wichtiges Werkzeug im Qualitätsmanagement und in der Problemlösung.

Das Ishikawa-Diagramm dient dazu, die Ursachen eines bestimmten Problems zu identifizieren und zu visualisieren. Es sieht aus wie das Skelett eines Fisches, wobei die Wirbelsäule den Hauptproblemfall repräsentiert und die Gräten die verschiedenen Hauptkategorien von potenziellen Ursachen darstellen. Diese Hauptkategorien können je nach dem spezifischen Kontext variieren, sind jedoch in der Regel Bereiche wie Mensch, Methode, Maschine, Material, Messung und Mitwelt (=Umgebung). In jedem Ast des Diagramms können dann weitere Unterkategorien und spezifische Ursachen für das Problem aufgeführt werden. Dieses Diagramm hilft Teams, Ursachen zu identifizieren und zu priorisieren, um geeignete Maßnahmen zur Problemlösung zu entwickeln.

Die zweite hier vorgeschlagene Methode fragt fünf Mal warum. Die 5-mal Warum-Analyse wird auch „Five Whys" genannt. Die *5-mal Warum-Analyse* ist eine weitere Technik, die oft in Verbindung mit dem Ishikawa-Diagramm verwendet wird. Sie dient dazu, die tieferen Ursachen eines Problems zu ergründen, indem man fünf aufeinanderfolgende „Warum?" -Fragen stellt.

Der Grundgedanke dabei ist, dass die erste Frage „Warum ist das Problem aufgetreten?" mit einer Antwort beginnt, und dann wird diese Antwort erneut mit „Warum?" hinterfragt. Dieser Prozess wird fünfmal wiederholt oder bis das Team zu einer Wurzelursache gelangt, die behoben werden kann. Wichtig ist natürlich der letzte Satz: Wenn man sechs Mal fragen muss, bis die Wurzelursache zu erkennen ist, dann muss man eben sechs Mal fragen.

Durch diese schrittweise Untersuchung werden oberflächliche Symptome von den zugrunde liegenden Ursachen getrennt. Die 5-mal Warum-Analyse fördert die tiefere Problemanalyse und kann dazu beitragen, dass Lösungen nachhaltiger sind, da sie auf der Behebung der eigentlichen Ursache des Problems beruhen.

Die Kombination von Ishikawa-Diagramm und 5-mal Warum-Analyse ist eine effektive Methode zur Problemlösung, beispielsweise im Qualitätsmanagement und in der Prozessoptimierung. Danach liegt die Problemursache offen. Die ersten beiden Schritte des Problemlösungsblatts sorgen für ein tiefes Verständnis des Problems, seiner Einflüsse und seiner Ursachen.

Nachdem das Ishikawa-Diagramm und die 5-mal Warum-Analyse dazu verwendet wurden, die Ursachen eines Problems zu identifizieren, ist der nächste Schritt die Suche nach Lösungsvorschlägen. Hier sind die Schritte, wie das geht:

1. Brainstorming: Versammeln Sie ein Team von Personen, die mit dem Problem vertraut sind oder Fachwissen in dem betreffenden Bereich haben. Führen Sie ein Brainstorming durch, um eine breite Palette von Lösungsideen zu generieren. In diesem Stadium sollten alle Ideen willkommen sein, ohne Kritik oder Bewertung.
2. Bewertung der Lösungsideen: Nach dem Brainstorming gehen Sie die Liste der Lösungsideen durch. Beginnen Sie mit der Auswahl der vielversprechendsten Vorschläge. Dies kann durch Abstimmung im Team oder anhand vorher festgelegter Kriterien erfolgen. Konzentrieren Sie sich auf realistische und umsetzbare Lösungen.
3. Priorisierung: Nachdem Sie eine Liste vielversprechender Lösungsideen erstellt haben, priorisieren Sie diese. Berücksichtigen Sie Faktoren wie den erwarteten Nutzen, die Machbarkeit und die Kosten. Sie können auch eine Nutzwertanalyse oder andere Bewertungsmethoden verwenden.
4. Aktionsplan erstellen: Für die ausgewählten Lösungsideen erstellen Sie einen konkreten Aktionsplan. Dieser Plan sollte Details zur Umsetzung enthalten, einschließlich Verantwortlichkeiten, Zeitrahmen und Ressourcenbedarf. Konkret muss diese Frage beantwortet und dokumentiert werden: Wer macht was

bis wann? Häufig müssen hier Ressourcen eingesetzt werden, müssen Arbeit und Sachkosten eingeplant werden, heißt: Häufig sind hier Entscheidungen übergeordneter Führungskräfte notwendig.

Die Suche nach Lösungsvorschlägen erfordert oft Kreativität, Teamarbeit und ein systematisches Vorgehen. Die Kombination von Problemanalyse-Tools wie dem Ishikawa-Diagramm und der 5-mal Warum-Analyse mit einem strukturierten Ansatz zur Lösungsfindung hilft dabei, Probleme erfolgreich zu bewältigen und die Qualität und Effizienz in verschiedenen Bereichen zu verbessern.

Der nächste Schritt ist nicht im Problemlösungsblatt dokumentiert: Die Umsetzung. Die Umsetzung der Lösungsidee wird so organisiert, wie andere Verbesserungen im Unternehmen auch. Ab einer gewissen Größe kann eine Projektorganisation sinnvoll sein.

Nach einigen Wochen oder Monaten trifft sich die Problemlösegruppe noch einmal: Was ist passiert? Ist das Problem nun gelöst, besteht es noch, oder ist nun zwar ein Problem gelöst, andere Probleme aus diesem Bereich sind aber noch zu bearbeiten? Wie auch immer: Die Mitarbeiter der Problemanalyse-Gruppe haben etwas gelernt und werden die nächsten Probleme ein bisschen besser lösen.

3.1.3 Checkliste: Der P C D A Zyklus

Kern aller Problemlösung ist der P C D A Zyklus, nach seinem Entwickler auch der Deming Zyklus genannt.

Der Plan-Do-Check-Act Zyklus ist ein einfach zu lernender und robuster Ansatz, um systematisch Verbesserungen zu erarbeiten.

Der PDCA-Zyklus steht für „Plan-Do-Check-Act" und ist ein zyklischer Ansatz zur kontinuierlichen Verbesserung von Prozessen, Produkten oder Dienstleistungen. Er wurde von Walter A. Shewhart entwickelt und später von W. Edwards Deming populär gemacht. Der PDCA-Zyklus ist auch als Deming-Zyklus bekannt und wird häufig in Qualitätsmanagement und kontinuierlicher Verbesserung angewendet. Hier ist eine Beschreibung der vier Phasen des PDCA-Zyklus:

1. Plan (Planen):

In dieser Phase wird das Problem oder der Prozess identifiziert, der verbessert werden soll. Ziele werden festgelegt, und Hypothesen entwickelt, wie diese Ziele erreicht werden können.

2. Do (Umsetzen):
   In dieser Phase wird der im Plan entwickelten Hypothesen getestet. Es werden also erste Verbesserungen initiiert, am besten an Stelle im Unternehmen, an denen zwar aussagekräftige Resultate erwartet werden können, aber im Zweifelsfall nur wenig Schaden angerichtet werden kann.

3. Check (Überprüfen):
   Nach der ersten testweisen Umsetzung werden Daten und Informationen gesammelt, um die Ergebnisse zu bewerten. Der Ist-Zustand wird mit den zuvor festgelegten Zielen und Erwartungen verglichen, um festzustellen, ob auf diesem Weg die Ziele erreicht werden können. Die Ursachen von Abweichungen oder Problemen werden analysiert.

4. Act (Handeln):
   Basierend auf den Ergebnissen der Überprüfung werden Handlungen eingeleitet: Wenn die Ziele erreicht wurden, kann der Prozess standardisiert und stabilisiert werden. Wenn die Ziele nicht erreicht wurden, werden weitere Verbesserungsmaßnahmen entwickelt und der Zyklus beginnt von neuem.

Der PDCA-Zyklus ist ein sich wiederholender Prozess, der darauf abzielt, kontinuierliche Verbesserungen zu erzielen. Nach jeder Runde des Zyklus sollte der Prozess oder das Produkt besser sein als zuvor. Dieser Ansatz fördert eine systematische Herangehensweise an die Problemlösung und die Prozessoptimierung und hat sich in vielen Branchen als effektiv erwiesen.

3.1.4 Conclusion/Fazit und weitere Informationen

Der Plan-Do-Check-Act Zyklus ist ein einfach zu lernender und robuster Ansatz, um systematisch Verbesserungen zu erarbeiten.

Kreativitätstechniken im engsten Sinne habe ich hier nicht besprochen. Dazu findet sich viel Nützliches in dem Buch „Kreativ-Toolbox für Unternehmen" von Alexander und Stefanie Brem. Zu diesem Buch habe ich ein Video gedreht: https://youtu.be/RV1k7GiA1wM Schon vorab: Alexander Brem ist einer der führenden Innovationsforscher Deutschlands, er weiß, was er tut.

3.2 Wie setzen Unternehmen mehr gute Ideen um?

"Wer nicht mit der Zeit geht, geht mit der Zeit."

3.2.1 Beschreibung des Problems

Bei einer größeren Organisation wurde ein Vorschlagswesen eingerichtet. Mitarbeiter können Verbesserungsvorschläge einreichen, diese werden begutachtet. Gute Vorschläge werden umgesetzt und die Mitarbeiter, die diese Vorschläge entwickelt haben, erhalten eine Prämie. So die Theorie. In der Praxis wurde kaum ein Vorschlag prämiert: Die Mitarbeiter sind nicht im Entwickeln von Problemlösungen geschult. Eine Methode dazu haben wir im vorangehenden Unterkapitel besprochen. Viel schlimmer: Von den prämierten Vorschlägen wurde nur rund jeder zweite Vorschlag umgesetzt. Nicht nur bei dieser Organisation habe ich die Erfahrung gemacht: Der Schwachpunkt von „Innovation durch Mitarbeiter", eigentlich sogar von Innovation im Unternehmen überhaupt ist die Umsetzung. Gute Ideen haben viele Menschen, originelle Ansätze finden sich immer wieder. Richtig gut umgesetzte Ideen sind selten.

3.2.2 Konkrete Lösung

Die eine konkrete Lösung für das Umsetzungsproblem gibt es nicht. Das Problemlösungsblatt ist mittlerweile ein Standard, so ähnlich wird es in vielen Organisationen eingesetzt. Ein „Realisierungsblatt" muss erst noch entwickelt werden. Aber einige konkrete Ansatzpunkte gibt es. Anders formuliert:

Die Umsetzung von Ideen kann in der Tat eine Herausforderung sein, aber es gibt bewährte Strategien, die dabei helfen können:

1. Richtig gute Innovationen entwickeln: Eine Reihe von Vorschlägen lauten: Photovoltaik-Anlage auf den Fahrradschuppen, Heißluft statt Papierhandtücher auf den Toiletten und einen Obstkorb zur Motivation der Mitarbeiter. Das mag alles gut und sinnvoll sein, wird aber unser Unternehmen nicht zum

großen Sprung nach vorne helfen. In der Praxis sieht man immer wieder Vorschläge, die gegen Gesetze verstoßen oder aus anderen Gründen einfach nicht
umgesetzt werden können. Gute Innovationen werden die Mitarbeiter nicht
von alleine entwickeln, dazu müssen die Methoden geschult werden, vielleicht
ist auch ein Coaching der Mitarbeiter sinnvoll. Das Problemlösungsblatt des
vorangegangenen Unterkapitel ist nur ein Anfang.

2. Verantwortlichkeiten festlegen: Klären Sie, wer für die Umsetzung verantwortlich ist, und weisen Sie klare Zuständigkeiten zu. Dies verhindert Verwirrung
und Doppelarbeit. Dabei gibt es ganz speziell einige wichtige Punkte:

2.1 Verantwortlich sollte die Stelle sein, die ein Interesse an der Umsetzung
hat. Konkret: Wenn ein Abteilungsleiter das Ziel hat, die Fehlerquote in
seinem Verantwortungsbereich zu halbieren, und ein Verbesserungsvor-
schlag zur Qualitätsverbesserung umgesetzt werden soll, dann muss dieser Abteilungsleiter die Umsetzungsverantwortung bekommen. Vielleicht
hängt ja sogar ein Teil seiner leistungsbezogenen Vergütung von dieser
Qualitätsverbesserung und damit von der Umsetzung des Vorschlags ab.
Das führt zum nächsten Punkt:

2.2 Wer die Verantwortung für die Umsetzung einer Innovation hat, muss bei
erfolgreicher Umsetzung auch Lorbeeren dafür bekommen. Die Umsetzung ist meist mindestens so anspruchsvoll wie die Entwicklung einer
Innovation. Dennoch gibt es viele Organisationen, in denen der Entwickler einer Idee die Lorbeeren erntet und die Menschen, die die
eigentliche Arbeit leisten, leer ausgehen. Und dann wundern sich alle,
dass die Umsetzung irgendwie nicht reibungslos funktioniert. In diesen
Zusammenhang gehört auch der dritte Punkt.

2.3 Die Entscheidungen über das Ob und das Wie einer Umsetzung müssen
maßgeblich die Mitarbeiter treffen, die umsetzen und anschließend mit der
neuen Lösung leben müssen. Wieder: Wenn irgendeine Kommission oder
ein anderes Gremium beschließt, dass ich meinen Arbeitsbereich anders
organisieren soll, dann werde ich vermutlich nicht begeistert sein.

Das heißt zusammengefasst: Die Betroffenen müssen nicht nur beteiligt werden,
die Betroffenen müssen maßgeblich mitsprechen. Selbstverständlich nicht in dem
Sinne, dass ein Sumpf trockengelegt werden soll und nun die Frösche befragt
werden. Aber schon in dem Sinne, dass die Verantwortlichen für einen Bereich
auch für die Umsetzung von Verbesserungen in diesem Bereich verantwortlich
sein und die Früchte dieser Verbesserung (mit) ernten müssen. Arbeit auf der
einen Seite und Anerkennung auf der anderen Seite zu trennen, das wird kaum
funktionieren.

3. Festlegung von klaren Zielen und Meilensteinen: Definieren Sie klare und messbare Ziele, die erreicht werden müssen. Setzen Sie sich auch Meilensteine, um den Fortschritt zu überwachen. Dies hilft, den Fokus zu behalten und die Motivation aufrechtzuerhalten. Je nach Umfang ist mehr oder weniger Projektmanagement sinnvoll. Und, wie immer im Projektmanagement: Beachten Sie dabei auch Pufferzeiten für unvorhergesehene Hindernisse.

4. Monitoring und Anpassung: Verfolgen Sie kontinuierlich den Fortschritt und passen Sie den Plan bei Bedarf an. Seien Sie flexibel und bereit, auf unvorhergesehene Herausforderungen zu reagieren.

5. Ressourcenbereitstellung: Stellen Sie sicher, dass die benötigten Ressourcen, sei es Budget, Personal oder Technologie, für die Umsetzung zur Verfügung stehen. Fehlende Ressourcen sind zum einen ein Hindernis, zum anderen lassen fehlende Ressourcen daran zweifeln, ob das Management eine Innovation wirklich will.

6. Kommunikation und Zusammenarbeit: Sorgen Sie für eine offene und effektive Kommunikation im Team. Eine gute Zusammenarbeit ist entscheidend, um Hindernisse zu überwinden und Synergieeffekte zu nutzen.

7. Change-Management: Achten Sie auf die Auswirkungen der Veränderungen auf die betroffenen Mitarbeiter und Stakeholder. Ein effektives Change-Management kann die Akzeptanz und die Umsetzung erleichtern. Immer wieder die Devise: Betroffene zu Beteiligten machen.

8. Schulung und Entwicklung: Investieren Sie in Schulungen und Weiterbildung, um sicherzustellen, dass die Mitarbeiter über die erforderlichen Fähigkeiten und Kenntnisse verfügen, um die Umsetzung erfolgreich durchzuführen.

9. Belohnung und Anerkennung: Belohnen Sie Mitarbeiter und Teams für ihren Beitrag zur erfolgreichen Umsetzung. Positive Verstärkung kann die Motivation steigern. Ausdrücklich: Nicht nur der kreative Entwickler soll Anerkennung bekommen, sondern auch die Umsetzer!

10. Lernorientierung: Betrachten Sie Probleme und Rückschläge als Gelegenheiten zum Lernen und zur Verbesserung. Dies kann die Bereitschaft erhöhen, Veränderungen anzunehmen und umzusetzen. Das japanische Konzept des Kaizens umfasst beides: Kontinuierliche Verbesserungen entwickeln und Umsetzen und die Mitarbeiter dazu qualifizieren, dass sie immer besser Innovationen entwickeln und umsetzen können.

11. Technologie und Automatisierung: Nutzen Sie moderne Tools und Technologien, um die Umsetzungs-Prozesse zu optimieren und die Umsetzung zu erleichtern.

Die erfolgreiche Umsetzung von Ideen erfordert oft ein systematisches und gut geplantes Vorgehen. Es ist wichtig, die Hindernisse und Widerstände zu erkennen und geeignete Maßnahmen zur Bewältigung dieser Herausforderungen zu ergreifen. Es kann auch hilfreich sein, externe Beratung oder Expertise hinzuzuziehen, wenn dies erforderlich ist.

3.2.3   Checkliste: Verbesserungen entwickeln und umsetzen

Als Zusammenfassung kommt hier eine Checkliste für die Entwicklung und Umsetzung von Verbesserungen in Unternehmen.

Checkliste: Verbesserungen entwickeln und umsetzen

Planungsphase

- [] Identifizierung des zu verbessernden Bereichs oder Problems.
- [] Festlegung klarer Ziele und Messgrößen für die Verbesserung.
- [] Analyse der Ursachen des Problems, z. B. durch Ishikawa-Diagramme, 5 Why-Analysen oder andere geeignete Methoden.
- [] Erstellung eines Aktionsplans mit konkreten Schritten zur Umsetzung der Verbesserungen.
- [] Festlegung von Verantwortlichkeiten für die Umsetzung.

Ressourcenbereitstellung

- [] Sicherstellung ausreichender finanzieller und personeller Ressourcen.
- [] Bereitstellung der notwendigen Technologie und Ausrüstung.
- [] Unterstützung durch das (Top-) Management und ggf. Einbindung der Mitarbeitervertretung.

Zeitmanagement

- [] Erstellung eines Zeitplans oder Projektplans, der den Ablauf der Umsetzung festlegt.
- [] Berücksichtigung von Pufferzeiten für unvorhergesehene Hindernisse.

Kommunikation und Zusammenarbeit

- [] Einrichtung eines Kommunikationsplans, um Teammitglieder, Stakeholder und die interessierte (Unternehmens-) Öffentlichkeit über die Fortschritte zu informieren.
- [] Förderung der Zusammenarbeit und offenen Kommunikation im Team.

Change Management

- [] Bewertung der Auswirkungen der Veränderungen auf Mitarbeiter und Stakeholder.
- [] Entwicklung von Maßnahmen zur Akzeptanzförderung und zur Bewältigung von Widerständen.

Schulung und Entwicklung

- [] Identifizierung von Schulungsbedarf und Bereitstellung entsprechender Schulungen.
- [] Förderung der Entwicklung von Fähigkeiten und Kenntnissen im Team.

Monitoring und Anpassung

- [] Implementierung eines Überwachungs- und Berichtssystems, um den Fortschritt zu verfolgen.
- [] Regelmäßige Überprüfung und Anpassung des Aktionsplans bei Bedarf.

Belohnung und Anerkennung

- [] Festlegung von Belohnungs- und Anerkennungssystemen zur Motivation der Mitarbeiter.
- [] Anerkennung und Wertschätzung für erfolgreiche Umsetzung.

Lernorientierung

- [] Betrachtung von Problemen und Rückschlägen als Gelegenheiten zum Lernen und zur Verbesserung.
- [] Kontinuierliche Anpassung und Weiterentwicklung der Prozesse.

Technologie und Automatisierung

- [] Prüfung und Einsatz von modernen Tools und Technologien zur Prozessoptimierung.
- [] Automatisierung von Abläufen, wenn dies die Umsetzung erleichtert.

Messung des Erfolgs

- [] Festlegung von KPIs und Metriken zur Messung des Erfolgs der Verbesserungsmaßnahmen.
- [] Regelmäßige Überprüfung und Berichterstattung über den Fortschritt.

Diese Checkliste dient als Leitfaden für die Planung und Umsetzung von Verbesserungsmaßnahmen in Unternehmen. Die genaue Anwendung kann je nach den spezifischen Anforderungen und der Art des Unternehmens variieren, aber diese Schritte und Prinzipien bilden eine solide Grundlage für erfolgreiche Verbesserungsinitiativen.

3.3   Conclusion/Fazit und weitere Informationen

Die Umsetzung von Ideen kann in der Tat eine Herausforderung sein, aber es gibt bewährte Strategien, die dabei helfen können. Einige dieser Strategien wurden in diesem Unterkapitel vorgestellt und beispielhaft eine passende Checkliste eingefügt.

Wie man Innovationen entwickeln und umsetzen kann, dazu habe ich hier nur einen kleinen Einblick geben können. Ein dickes Buch, vor allem für kleinere Unternehmen, hat die Berliner Unternehmensberatung Dark Horse dazu geschrieben, und das stelle ich in einem Video vor: https://youtu.be/SuCIpT 5k64Q

Wie erhöhen Unternehmen ihre Effizienz?

4

4.1 Beschreibung des Problems

Wie erhöhen Unternehmen ihre Effizienz? Wie erreichen Unternehmen mehr mit dem gleichen Einsatz? Wie reduzieren Unternehmen ihre Kosten, und erhöhen vielleicht sogar die Qualität und die Zufriedenheit der Mitarbeiter? Mit diesen Fragen beschäftigt sich das folgende Kapitel.

In einem Buch (wie diesem hier) kann man die Probleme sauber trennen, analysieren und nacheinander abarbeiten. Im richtigen Leben hängt alles irgendwie mit allem zusammen. Wenn Mitarbeiter fehlen, dann erhöht das den Druck zu rationalisieren: Wir müssen schließlich die Arbeit mit weniger Mitarbeitern erledigen. Aber die Gleichung „weniger Mitarbeiter führt zu effizienteren Prozessen" geht nicht immer auf. Innovationen und Verbesserungen brauchen Zeit und Ressourcen. Die besten Innovationen entstehen, wenn man sich intensiv mit einem Problem befasst – und dann in die Entspannung geht. Typisch sind die Gedankenblitze unter der Dusche oder am Wochenende. Das heißt auch: Zeiten der Entspannung sind nötig.

Effizienz hat es mit komplexen Ursache-Wirkungs-Zusammenhänge zu tun. Trotzdem gibt es einige wirksame Hebel für mehr Effizienz.

Umgekehrt gelten auch diese Zusammenhänge: Wenn wir richtig gute Mitarbeiter haben, dann ziehen die andere richtig gute Kollegen nach. Dann entsteht eine Unternehmenskultur, in der Innovation selbstverständlich ist, in der frei kommuniziert wird und die besten Ansätze umgesetzt werden. Was zu effizienteren

© Der/die Autor(en), exklusiv lizenziert an Springer Fachmedien Wiesbaden GmbH, ein Teil von Springer Nature 2024
H.-D. Schat, *Vom Bullshit zum Business*, essentials,
https://doi.org/10.1007/978-3-658-44118-0_4

Prozessen, besserer Qualität und wirtschaftlichem Erfolg führt. Und damit können wir uns die besten Mitarbeiter leisten, und die besten Werkzeuge, um unser Unternehmen voranzubringen.

Die „magic Bullet", die eine Lösung, die unter allen Umständen funktioniert, die werde ich hier wohl nicht präsentieren können, aber ein paar Gedanken zum Thema schon.

4.2   Konkrete Lösung

Konkrete Überlegungen setzen daran an, dass Management immer „People Business", ist. Zentral ist, wie sich „der Chef" verhält, zentral sind also die oberen Führungskräfte. Und eine ganz wichtige Aufgabe der oberen Führungskräfte besteht darin, dafür zu sorgen, dass das Unternehmen die richtigen Mitarbeiter einstellt, die richtigen Mitarbeiter an die richtigen Stellen befördert und sich von den richtigen Mitarbeitern trennt.

Die Mitarbeiter sind die zentrale Ressource für mehr Effizienz im Unternehmen.

Die **Einteilung der Mitarbeiter in A, B und C Mitarbeiter** hat sich hier als Denk-Werkzeug bewährt.

A Mitarbeiter sind die Mitarbeiter, die wir uns wünschen: Sind produktiv, denken mit, und wenn es für das Unternehmen wichtig ist, dann tun sie das Nötige.
B Mitarbeiter sind in Ordnung: Sie haben einen 38 Stundenvertrag, und sie betätigen sich 38 h pro Woche in angemessener Weise. Vielleicht sind sie auch produktiv, aber das müssen wir durch gute Arbeitsorganisation sicherstellen. Wenn es für das Unternehmen wirklich wichtig wird, dann erkennen diese Mitarbeiter den Ernst der Lage eher nicht.
C Mitarbeiter schaden dem Unternehmen: Sie leisten nicht das Vereinbarte und können nicht erkennen, was wie eine Bedeutung hat.

A Mitarbeiter sollen Aufgaben bekommen, an denen sie wachsen können

Zwei Mitarbeitergruppen sind problemlos: A Mitarbeiter müssen zufrieden gehalten werden, vielleicht noch Aufgaben bekommen, an denen sie wachsen können. C Mitarbeiter müssen von ihrem aktuellen Arbeitsplatz entfernt werden. Vielleicht auf einen Arbeitsplatz in unserem Unternehmen, der ihren Fähigkeiten mehr entspricht. Vielleicht sollten diese Mitarbeiter besser das Unternehmen verlassen. Da gibt es arbeitsrechtliche Hürden, ich weiß. Aber es gibt im praktischen Leben auch Möglichkeiten. Diese kosten vielleicht etwas – das ist ärgerlich, aber meist günstiger, als den Mitarbeiter weiter Schaden anrichten zu lassen.

C Mitarbeiter dürfen auf ihrem aktuellen Arbeitsplatz nicht weiter arbeiten.

Wichtig: Manche C Mitarbeiter sind vielleicht grundsätzlich zu produktiver Tätigkeit ungeeignet. Andere C Mitarbeiter sind auf diesem Job C Mitarbeiter, können aber auf einer anderen Stelle durchaus produktiv sein.

Fraglich sind die B Mitarbeiter. Ratgeber-Weisheit sagt: Unternehmen sollen nur A Mitarbeiter einstellen. Wenn sie keine Bewerbungen, oder keine Zusagen, von A Mitarbeitern bekommen, dann sollen die Unternehmen die Arbeitsbedingungen so lange verbessern, bis A Mitarbeiter kommen. Oft also: Das Gehalt deutlich erhöhen, dann sagen auch A Mitarbeit zu. In Management Seminaren kommt dann die listige Frage: Angenommen, Sie bekommen eine Bewerbung von einem ziemlich durchschnittlichen B Mitarbeiter und Sie bekommen eine Bewerbung von einem B+Mitarbeiter, also klar kein A Mitarbeiter, aber für einen B schon ziemlich gut. Welchen Mitarbeiter stellen Sie ein? Der arglose Seminarteilnehmer schlägt natürlich den B+Mitarbeiter vor, aber das ist ganz falsch, man müsse unter allen Umständen ausschließlich A Mitarbeiter einstellen. Das funktioniert auch in der einfachen Welt eines Seminarleiters, aber nicht im richtigen Leben. Auch, weil natürlich die Grenze zwischen A und B Mitarbeiter nicht eindeutig ist und wir vielleicht einen guten B Mitarbeiter in Richtung A entwickeln können. Was aber tatsächlich wichtig ist: Typische B Mitarbeiter dürfen keine Führungskräfte werden, typische B Mitarbeiter dürfen keine Personalverantwortung bekommen. Warum?

Typische C Mitarbeiter haben ohnehin nichts mit Personalentscheidungen zu tun. Typische A Mitarbeiter sind gut und wissen, dass sie gut sind. Typische A Mitarbeiter arbeiten gerne mit anderen kompetenten Kollegen zusammen. Wenn es um Beförderungen oder um Neustellungen geht, dann ziehen A Mitarbeiter weitere A Mitarbeiter heran. Anders die B Mitarbeiter. Diese wissen mehr oder weniger klar, dass sie nicht die besten Pferde im Stall sind. Deshalb haben typische B Mitarbeiter Angst vor A Kollegen, selbst vor A Mitarbeitern im eigenen Team. Und damit neigen B Mitarbeiter als Führungskräfte dazu, sich C Mitarbeiter heranzuziehen. Ja, es dauert eine Weile, aber immer wieder sieht man ganze Abteilungen, im Extremfall sogar die ganze Führung eines Unternehmens mit C Mitarbeitern bevölkert. Wenn dann das Unternehmen in Schwierigkeiten gerät, auch nur in leichte Turbolenzen, dann sind die C Führungskräfte überfordert und das Unternehmen gerät in eine Abwärtsspirale, aus der es nur schwer und sicherlich nicht mit der aktuellen Führung wieder herauskommt.

Schlechte *Führung* ist der Kern von vielen Problemen im Unternehmen, gute Führung ist der Unterschied von erfolgreichen zu weniger erfolgreichen Unternehmen. Das ist allgemein bekannt, das ist trivial. Weil aber Führung wichtig ist, hier doch noch drei Punkte zum Nachdenken.

1. „Der Chef als Vorbild" wird manchmal so verstanden, als sollten alle Mitarbeiter den Chef imitieren, im Nacheifern, den Chef eben als Vorbild nehmen, und dies solle der Chef bitte bewirken. Was schon logisch nicht funktioniert: Ich kann mir ein Vorbild nehmen, aber ich nicht andere dazu bestimmen, mich als Vorbild zu nehmen. Was aber stimmt: Wenn ich erwarte, dass meine Mitarbeiter gute Arbeit machen, sich engagieren, über den Tellerrand hinausdenken, dann muss ich als Chef selbst gute Arbeit machen, mich engagieren und über den Tellerrand hinausdenken. Sonst wirken die entsprechenden Aufforderungen einfach nur zynisch.

2. Führungskräfte müssen entweder einen vernünftigen Teil ihrer Zeit darauf verwenden, auf Ängste und Gefühle einzugehen, oder sie müssen einen unvernünftig großen Teil ihrer Zeit darauf verwenden, ineffektives und unproduktives Verhalten zu managen. Das ist für mich ein Kernsatz des Buches „Dare to lead – Führung wagen" von Brené Brown. Und tatsächlich habe ich in vielen Unternehmen sehr vernünftiges Management gesehen, das sich kaum um Ängste und Gefühle gekümmert hat, und plötzlich brachen Konflikte und Störungen auf, die dann tatsächlich viel Aufmerksamkeit verlangten.

3. Wenn es ein einziges Prinzip eines erfolgreichen (Arbeits-) Lebens gibt, dann ist es Konzentration. Wie eng, wie stark die Konzentration sein soll, das hängt von der Situation ab. Manchmal ist Erfolg nur mit engem Fokus auf die eine wichtige Sache zu bekommen. Manchmal muss man den Fokus weiten, um auch neue Entwicklungen erfahren und aufnehmen zu können. Ein russisches Sprichwort soll sagen: Wer zwei Hasen jagt, der erwischt am Ende keinen.

Effizienz, Qualität und Mitarbeiterzufriedenheit – sehen wir uns diese wichtigen Zusammenhänge einmal näher an. Unternehmen können ihre Effizienz steigern, mehr mit dem gleichen Aufwand erreichen, Kosten senken und die Qualität und Mitarbeiterzufriedenheit erhöhen, indem sie eine ganzheitliche und strukturierte Herangehensweise an diese Herausforderungen verfolgen. Hier sind einige Ansätze, wie Unternehmen dies erreichen können:

1. Prozessoptimierung:
   – Identifizierung und Analyse von ineffizienten Prozessen im Unternehmen.
   – Anwendung von Lean-Prinzipien, um Verschwendung zu reduzieren.
   – Automatisierung und Digitalisierung, um Abläufe effizienter zu gestalten.
2. Qualitätsmanagement:
   – Regelmäßige Überwachung und Verbesserung der Produkt- und Dienstleistungsqualität.
   – Schulung der Mitarbeiter in Qualitätsstandards und kontinuierlicher Verbesserung.
3. Kostenmanagement:
   – Analyse und Optimierung der Kostenstruktur des Unternehmens.
   – Identifizierung von Einsparungsmöglichkeiten und Verfolgung von Kostensenkungsinitiativen.
   – Verhandlungen mit Lieferanten und Einkaufsoptimierungen.
4. Arbeitsorganisation und Effizienzsteigerung:
   – Implementierung von Methoden zur Arbeitszeitverkürzung oder Arbeitszeitflexibilität, um die Produktivität zu steigern.
   – Schulung der Mitarbeiter in Problemlösungs- und Kreativitätsmethoden sowie in Zeitmanagement- und Effizienztechniken.
   – Reduzierung von unnötigen Arbeitsschritten und damit von unnötigen Arbeitsbelastungen.
5. Mitarbeiterentwicklung und -beteiligung:
   – Förderung der Mitarbeiterbeteiligung und Einbindung in die Unternehmensentscheidungen.
   – Schaffung eines positiven Arbeitsumfelds und Förderung der Mitarbeiterzufriedenheit.
   – Fort- und Weiterbildungsmöglichkeiten für Mitarbeiter, um ihre Fähigkeiten und Produktivität zu steigern.
6. Innovation und Technologienutzung:
   – Einführung neuer Technologien und Innovationen, um Prozesse zu optimieren und neue Geschäftsmöglichkeiten zu schaffen.

- Förderung der Innovationskultur und Schaffung von Anreizen für Mitarbeiter zur Ideenfindung.
7. Kundenorientierung:
   - Verstärkte Fokussierung auf die Bedürfnisse und Anforderungen der Kunden.
   - Kundenzufriedenheitsumfragen und kontinuierliche Verbesserung der Kundenbetreuung.
8 . Kontinuierliche Verbesserung:
   - Implementierung einer Kultur der kontinuierlichen Verbesserung, in der alle Mitarbeiter dazu ermutigt werden, laufend Verbesserungen vorzuschlagen und sinnvolle Vorschläge konsequent umgesetzt werden.
   - Regelmäßige Überprüfung der Maßnahmen und Anpassung an veränderte Marktbedingungen und Kundenanforderungen.

Die hier genannten Ansätze sind schon jeder für sich wirksam. Richtig interessant wird es aber, wenn diese Ansätze miteinander kombiniert werden, um eine umfassende Strategie zur Steigerung der Effizienz, Kostensenkung und Verbesserung der Mitarbeiterzufriedenheit zu schaffen. Eine sorgfältige Planung, Implementierung und Überwachung dieser Maßnahmen ist entscheidend, um nachhaltige Verbesserungen im Unternehmen zu erreichen.

4.3   Integration: Das EFQM Modell der Business Excellence

Die bisher behandelten Themen sind alle wichtig, und alle diese Themen sind aktuell für Unternehmen von hoher Bedeutung. Aber konzeptionell stehen diese Themen eher nebeneinander. Hier soll nun ein Rahmen vorgestellt werden, der die hier diskutierten Themenstränge integrieren kann. Es handelt sich um das seit etwa 1990 eingesetzte EFQM-Modell der Business Excellence. Hier beziehe ich mich auf das aktuelle EFQM-Modell 2020.

Beginnen wir aber mit der grundsätzlichen Vorstellung des Modells: Das EFQM-Modell ist ein ganzheitlicher Ansatz für das Management von Organisationen, der auf den Grundsätzen der Total Quality Management (TQM) Theorie beruht.

Es bietet einen umfassenden Rahmen für die Organisation, der den Unternehmen hilft, ihre strategischen Ziele zu erreichen und eine herausragende Leistung zu erzielen. Das EFQM-Modell ist unabhängig von Branche und Größe anwendbar und kann für die Selbstbewertung und zur Optimierung der Unternehmensprozesse genutzt werden. Nebenbei: In Europa wird es oft als Basis für Qualitätsmanagement-Auszeichnungen verwendet.

In der aktualisierten Version des EFQM-Modells 2020 wurde das Modell überarbeitet, um es relevanter und effektiver für die heutigen dynamischen und sich schnell ändernden Geschäftsumgebungen zu machen.

Das Modell 2020 besteht aus drei Komponenten: Kontext, Konzept und Kriterien (Abb. 4.1).

Der Kontext bezieht sich auf die externe und interne Umgebung der Organisation, einschließlich Trends, Stakeholder und strategische Orientierung.

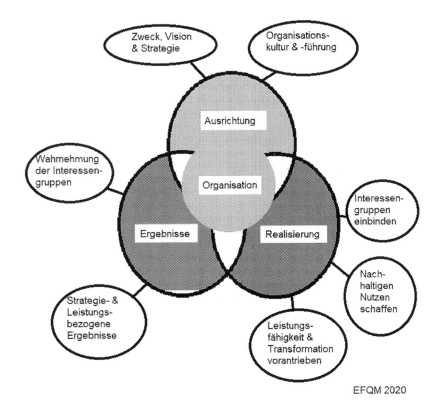

EFQM 2020

Abb. 4.1 EFQM 2020 Von Steedmarks – Eigenes Werk, CC BY-SA 4.0, https://commons. wikimedia.org/w/index.php?curid=118480284

Das Konzept teilt sich auf in Richtung, Durchführung und Ergebnisse. „Richtung" bezieht sich auf den Zweck und die Vision der Organisation, „Durchführung" bezieht sich darauf, wie die Organisation ihren Weg geht, um ihre Ziele zu erreichen, und „Ergebnisse" bezieht sich auf das, was die Organisation erreicht. Die sieben Kriterien sind: Zweck und Vision, Strategie, Partner und Ressourcen, Prozesse und Daten, Menschen und Kultur, Kunden und Nutzer, und Leistung und Wertschöpfung.

Sehen wir uns die sieben Kriterien in ihren drei Gruppen konkreter an. Diese sieben Kriterien werden in drei Gruppen eingeteilt: Richtung, Durchführung und Ergebnisse.

Richtung:

1. Zweck und Vision: Es geht darum, wie die Organisation ihren Zweck definiert, ihre Vision formuliert und Werte schafft. Es geht auch darum, wie die Organisation Führung zeigt und wie sie ethisch und transparent handelt.

Durchführung:

2. Strategie: Hier wird betrachtet, wie die Organisation ihre Strategie entwickelt, um ihre Vision und ihren Zweck zu erfüllen, und wie sie diese Strategie in die Praxis umsetzt.
3. Partner und Ressourcen: Dies bezieht sich auf die Art und Weise, wie die Organisation ihre Ressourcen und Partnerschaften nutzt, um ihre Strategie umzusetzen.
4. Prozesse und Daten: Dies betrachtet, wie die Organisation ihre Prozesse gestaltet und verwaltet und wie sie Daten und Informationen nutzt, um bessere Entscheidungen zu treffen.
5. Menschen und Kultur: Dies beschäftigt sich mit der Art und Weise, wie die Organisation ihre Mitarbeiter einsetzt und entwickelt und wie sie eine Kultur aufbaut, die ihre Strategie unterstützt und ihren Zweck und ihre Vision fördert.

Ergebnisse:

6. Kunden und Nutzer: Dies bezieht sich auf die Ergebnisse, die die Organisation in Bezug auf ihre Kunden und Nutzer erzielt, einschließlich der Zufriedenheit und Loyalität der Kunden und Nutzer sowie der Wert, den diese durch die Produkte und Dienstleistungen der Organisation erhalten.

7. Leistung und Wertschöpfung: Dies betrachtet die Leistung der Organisation insgesamt, einschließlich ihrer finanziellen, sozialen und Umweltleistung. Es beinhaltet auch eine Bewertung der Wertschöpfung der Organisation für ihre Stakeholder, einschließlich ihrer Mitarbeiter, Partner und der Gesellschaft insgesamt.

Das Ziel dieser Kriterien ist es, eine umfassende Bewertung der Organisation aus verschiedenen Perspektiven zu ermöglichen, um Bereiche zu identifizieren, in denen Verbesserungen erforderlich sind, und um die Organisation dabei zu unterstützen, kontinuierliche Verbesserungen zu erführen. Diese sieben Kriterien sollen sicherstellen, dass alle Aspekte der Organisation abgedeckt und überprüft werden – von der strategischen Ausrichtung bis hin zu den umgesetzten Prozessen und erreichten Ergebnissen. Auf diese Weise können Unternehmen ihre Stärken und Schwächen besser verstehen und gezielte Maßnahmen ergreifen, um ihre Leistung kontinuierlich zu verbessern.

Das EFQM-Modell ist kein starres Regelwerk, sondern ein flexibles Instrument, das je nach Bedarf und Kontext der Organisation angepasst werden kann. Die Kriterien sind als Leitfaden gedacht, um Organisationen dabei zu helfen, ihre Ziele zu erreichen und ihre Leistung auf dem Weg zur Business Excellence zu messen und zu verbessern.

Am Ende zielt das EFQM-Modell darauf ab, eine Kultur der Exzellenz zu fördern, indem es den Fokus auf Lernen, Verbesserung und Innovation setzt. Es hilft Organisationen, ihr Potenzial voll auszuschöpfen und einen nachhaltigen Erfolg zu erzielen. In diesem Sinne setzt das Modell stark auf das Engagement aller Beteiligten, von den Mitarbeitern bis zur Unternehmensführung. Dies bedeutet, dass jeder im Unternehmen eine Rolle bei der Realisierung der Unternehmensvision spielen und zur Erreichung der definierten Ziele beitragen sollte.

Zusätzlich zum Festlegen der sieben Kriterien bietet das EFQM-Modell auch Tools und Ressourcen, um Unternehmen bei der Durchführung einer gründlichen Selbstbewertung zu unterstützen, Best Practices zu identifizieren und Pläne zur Verbesserung zu erstellen. Dieser Ansatz zur kontinuierlichen Verbesserung stellt sicher, dass Unternehmen die notwendige Flexibilität haben, um sich auf Veränderungen im Geschäftsumfeld anzupassen und sich kontinuierlich weiterzuentwickeln.

Das EFQM-Modell kann als hilfreiches Instrument für Organisationen jeder Größe dienen, da es ihnen einen strukturierten Ansatz bietet, um ihre Performance und ihren Erfolg zu bewerten und zu verbessern. Es setzt den Schwerpunkt auf die fortlaufende Verbesserung und fördert eine Unternehmenskultur, die auf Engagement, Innovation und Exzellenz ausgerichtet ist.

Die Anwendung des EFQM-Modells erfordert in der Regel einen erheblichen Einsatz von Ressourcen und Engagement von der gesamten Organisation, aber die potenziellen Vorteile – einschließlich verbesserter Leistung, erhöhter Wettbewerbsfähigkeit und nachhaltigem Erfolg – können erheblich sein.

Das EFQM-Modell ist ein fortlaufender Prozess und sollte nicht als einmalige Übung betrachtet werden. Es erfordert ein beständiges Engagement und eine nachhaltige Anstrengung zur kontinuierlichen Verbesserung.

4.4   Conclusion/Fazit und weitere Informationen

Wie erhöhen Unternehmen ihre Effizienz? Wie erreichen Unternehmen mehr mit dem gleichen Einsatz? Wie reduzieren Unternehmen ihre Kosten, und erhöhen vielleicht sogar die Qualität und die Zufriedenheit der Mitarbeiter? Mit diesen Fragen beschäftigte sich dies Kapitel.

Ein Unternehmen, dass auf dem hier skizzierten Weg sehr weit gekommen ist, ist Toyota. Das Buch „Der Toyota Weg" wurde kürzlich überarbeitet und neu aufgelegt, eine Besprechung ist hier: https://youtu.be/XWZiet__mcY

Zusammengefasst: Wie reduzieren Unternehmen den täglichen Bullshit?

Zusammengefasst: Wie reduzieren Unternehmen den täglichen Bullshit? Wie arbeiten Unternehmen besser, vernünftiger, zielgerichteter und mit zufriedenen Mitarbeitern? Ganz, ganz kurz zusammengefasst gibt es zwei Hebel:

1. Bullshit reduziert sich nicht von alleine. Besseres, vernünftigeres, zielgerichtetes Arbeiten mit zufriedenen Mitarbeitern kommt nur durch ständige Aktivitäten. Die Listen in dieser Broschüre sind nur ein Anfang. Sehr vereinfacht:

Viele (zielgerichtete) Aktivitäten helfen viel.

---

2. Strukturen, Prozesse, Software sind nützlich, aber nicht entscheidend.

Entscheidend sind die Menschen.

Management und Führung dreht sich um Menschen. Gute, gut ausgewählte und gut ausgebildete Mitarbeiter sind der Schlüssel dafür, dass Unternehmen den täglichen Bullshit reduzieren, dass Unternehmen besser, vernünftiger, zielgerichteter und mit zufriedenen Mitarbeitern arbeiten.

© Der/die Autor(en), exklusiv lizenziert an Springer Fachmedien Wiesbaden GmbH, ein Teil von Springer Nature 2024
H.-D. Schat, *Vom Bullshit zum Business*, essentials,
https://doi.org/10.1007/978-3-658-44118-0_5

Was Sie aus diesem *essential* mitnehmen können

- Praktisch Tipps, wie Unternehmen und Verwaltungen mehr Bewerbungen erhalten
- Praktisch Tipps, wie Unternehmen ihre guten Mitarbeiter halten
- Praktisch Tipps, wie Unternehmen innovativer werden
- Praktisch Tipps, wie Unternehmen ihre Effizienz erhöhen

© Der/die Herausgeber bzw. der/die Autor(en), exklusiv lizenziert an Springer
Fachmedien Wiesbaden GmbH, ein Teil von Springer Nature 2024
H.-D. Schat, *Vom Bullshit zum Business*, essentials,
https://doi.org/10.1007/978-3-658-44118-0

Literatur

Brem A & Brem S 2019 Die Kreativ-Toolbox für Unternehmen. Stuttgart: Schäffer Poeschel.

Brown B 2023 Führung wagen: Mutig arbeiten. Überzeugend kommunizieren. Mit ganzem Herzen dabei sein. München: Finanzbuch Verlag.

Dark Horse Innovation 2023: Future Organization Playbook. Hamburg: Murmann.

Dueck G 2022 Keine Sinnfragen Bitte! Frankfurt am Main/New York: Campus.

EFQM Modell: Grafik von Steedmarks – Eigenes Werk, CC BY-SA 4.0, https://commons.wikimedia.org/w/index.php?curid=118480284

Elsässer M 2023: Die sechs entscheidenden Lektionen des Lebens. München: Finanzbuch Verlag.

Landmann N & Schat HD (Hg.) 2019: Ideen erfolgreich managen. Wiesbaden: Springer Gabler.

Liker, J K 2022: Der Toyota Weg. München: Finanzbuch Verlag.

Richenhagen G & Schat HD 2022: Vorschlagswesen zur Innovation in der Öffentlichen Verwaltung. Mitarbeiterinnen und Mitarbeiter treiben die Veränderung. Wiesbaden: Springer Gabler.

Schat HD 2017: Erfolgreiches Ideenmanagement in der Praxis. Wiesbaden: Springer Gabler.

© Der/die Herausgeber bzw. der/die Autor(en), exklusiv lizenziert an Springer Fachmedien Wiesbaden GmbH, ein Teil von Springer Nature 2024
H.-D. Schat, *Vom Bullshit zum Business*, essentials,
https://doi.org/10.1007/978-3-658-44118-0

Printed in the United States
by Baker & Taylor Publisher Services